「子育てにやさしい宮城県」

さまざまな支援施策の充実へ

ごあいさつ

❧ 宮城県知事

村井 嘉浩

　子どもは宮城の希望であり、未来を創る存在です。

　宮城県では、子どもの成長や子育てを地域全体で支えていくため、「子育て支援を進める県民運動」に取り組んでいます。この運動は、地域の皆さまのご協力のもと、県内に子育て支援の輪を広げていくことで、安心して子どもを生み育てることのできる地域づくりを目指すものです。ご家庭で子育てが大変なとき、不安になったときには、一人で抱え込まず、身近な人や地域の子育て支援の窓口に相談してみてください。

　県といたしましても、皆さまに「子育てにやさしい宮城県」を実感していただけるよう、引き続き子育て支援施策の充実に取り組んでまいります。

　自然豊かなこの宮城の地で、子育て支援の輪がさらに大きく広がり、子どもたちが多くの方々の愛情に包まれながら健やかに成長していけるよう、皆さまのご支援とご協力をお願い申し上げます。

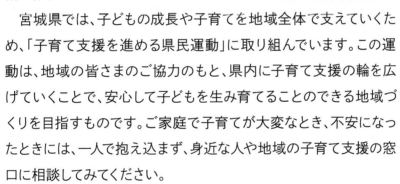

contents

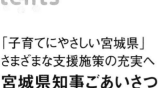

※本誌掲載の記事やデータは2021年12月1日現在のものです。料金や提供サービスなどは予告なく変更になる場合があります
※料金は原則税込み(本体＋税)
※新型コロナウイルス感染防止対策に伴い、施設の開設状況や事業の内容が変更になる場合があります。利用の際は各施設や各市町村の子育て関連部署にお問い合わせください。施設を利用する場合には、手洗いやアルコール消毒、せきエチケットなどを心掛けましょう

今こそ運動！

長く続くコロナ禍で巣ごもり生活が続き、子どもの運動不足や体力低下が懸念されている。仙台大子ども運動教育学科の原田健次先生に現状や運動の大切さ、おうちで気軽にできる運動方法を教えてもらった。

教えてくれた方

原田 健次先生

仙台大子ども運動教育学科長、教授。専門は子ども学、保育学、人文・社会。大阪教育大大学院修士。2021年1月、日本幼児体育学会会長に就任。

運動機能は急速に発達

文科省は「幼児期に経験する基本的な動き」を大きく3つに分けています。乳幼児期は運動機能が急速に発達し、多様な動きを身に付けやすい時期です。運動刺激を与えて体内にさまざまな神経回路を複雑に張り巡らせていくことが大切。それらが発達するとタイミングよく動いたり、力の加減をコントロールしたり運動を調整する能力が高まり、生活で必要とされる動きやとっさの時に身を守る動きができます。

幼児期に経験する基本的な動き

01

体のバランスを取る動き

（平衡系運動スキル）

立つ、座る、寝転ぶ
起きる、回る、転がる
渡る、ぶら下がる（8種）

02

体を移動する動き

（移動系運動スキル）

歩く、走る、跳ねる
跳ぶ、登る、下りる、はう
よける、滑る（9種）

03

用具などを操作する動き

（操作系運動スキル）

持つ、運ぶ、投げる、捕る
転がす、蹴る、積む、こぐ
掘る、押す、引く（11種）

これらの動きを家庭で身に付けるには公園の遊具で遊ぶだけではなく、マット運動、縄跳びやボール（ポリ袋を膨らませるのも可）を活用するなどいろいろな動きに挑戦するといいでしょう。

※P.24・25、36・37、44・45、54・55、64・65、78・79、86・87、92・93の「ご近所で運動！」に施設で体験できる3つの動きを掲載

原田先生、教えて！ 運動や遊びの大切さ

乳幼児期の運動や遊びに関するさまざまな疑問を、仙台大
子ども運動教育学科の原田健次先生に聞いた。

  子どもが運動や遊びをすることはなぜ大切なのですか？

乳幼児期の運動や遊びは体にはもちろん、心の育ちにも大きな影響を与えます。その中でも人と関わりを持つ「仲間づくり遊び」は、運動を通して人間関係を築き社会性を育む要素を含み重要です。

人と触れ合いながら力を合わせる（協力する）、力を比べる（競い合う）遊びがあります。例えば力を合わせる遊び「なべなべそこぬけ」は相手とリズムや力を合わせ、力を比べる遊び「背中ずもう」はどちらの力が強いかを競い合います。これらを行うと初めは力加減が分からず相手の腕を無理矢理引っ張ってしまったり、力比べでは強く押し過ぎて相手に痛い思いをさせてけんかになったりというトラブルがよく起きています。ですが、これは大切なこと。

人を思いやる心は大人が教えるのではありません。子ども自身が友だちや大人と関わりを持つことで思いやりやルールの必要性などに気付き学びます。

  コロナ禍でおうち時間が増えたことは、子どもの体力・運動能力に影響していますか？

社会全体が制限のかかった生活を余儀なくされ、外遊びの時間は減少し、運動機会も減っていると言えます。

保育現場では3密を避けるため、園内は換気を良くし、子ども同士が近距離で集まったり接触し過ぎたりしないよう保育を進めています。子どもは集まって運動遊びを身に付けていくものですが、それがコロナ禍前よりできにくい状況です。家庭での親子のスキンシップがより大事になっていると言えます。

コロナ禍は幼児期の育ちに大切な密を避けなければなりません。しかし子どもの育ちにはこの密が必要不可欠で、今私たち大人ができることは何かを真剣に考えなければなりません。

  現代の子どもの体力・運動能力はどのような特長がありますか？

1990年から20年間、子どもの体力・運動能力は段階的な低下傾向にあり、青少年の体力低下が懸念されています。日常生活や学校現場で精神的・身体的な持久力、意欲、集中力に欠ける状態が見られました。

2015年頃から少しずつ改善傾向が見られますが、個人差の範囲が拡大し「体力がある・ない」「運動が好き・嫌い」と二極化が見受けられます。

Q 運動に消極的な子どもは、どうすれば運動に興味を持ってくれますか？

A なぜ消極的なのか背景を探ることが大切です。運動能力だけではなく性格が影響する場合もあります。

人見知りで遊び場に馴染めない子どもなら、最初は親子で見学して他の人が運動しているのを見て「楽しそうだね」と声掛けをしてみてはいかがでしょうか。

Q そもそも運動能力と運動神経の違いは何ですか？

A 運動能力は基礎運動能力とも言います。走る、跳ぶ、投げる動きに大別でき、経験を重ねることで身に付く場合が多いです。運動神経は反射や調整力を指します。

Q 運動能力・運動神経を高めるために親はどのようなことを心掛ければいいですか？

A 成長の基盤になるのはきちんとした生活リズムです。現代の子どもは生活が大人化し、夜型になっている傾向があります。早寝早起きをして朝ご飯をしっかり食べ、昼はたくさん体を動かす。そうすることで体は疲れて、夜はぐっすり眠れて生活リズムが整います。

Q 運動能力・運動神経を磨くために運動系の習い事をさせる場合、水泳、ダンスなど競技種目はどのような基準で選べばいいですか？

A 基本は子どもの興味次第。「やってみたい」と思える運動は長続きし、上達する場合が多いです。ですが、小さいうちは偏った運動はお勧めできません。いろいろな運動を経験すると可能性はより広がります。

子育て相談を受け付けています

仙台大子ども運動教育学科は2021年10月に「子育て支援相談窓口」を開設した。地域連携・貢献活動の一環で、保育・幼児教育専門の教員が相談に応じる。子どもの発達やしつけなど子育て中のさまざまな悩みを受け付けている。

相談は無料で予約制。申し込みの際に希望日時を聞き日程調整する。新型コロナウイルス感染症拡大防止のため、原則電話相談。

申し込みは代表TEL0224-55-1121（月〜金曜9:00〜17:00）へ。大学ウェブサイトの「予約受付フォーム」からも予約できる。

発育、発達、子どもへの関わり方などさまざまな悩みにお答えします。

子育て支援相談窓口の詳細はこちら

親子で運動遊び

仙台大子ども運動教育学科の原田健次先生が親子でできる運動遊びを紹介してくれた。0歳、1歳、2歳半と年齢に合わせてトライしてみて。

0歳向け 首座りの頃

おなかにのってゆ～らゆら

① 大人は仰向けになり赤ちゃんをおなかに乗せる
② 大人は自分のおなかを左右にゆらゆら揺らす

赤ちゃんはバランスを取ろうと体の中心に力が入るため、平衡感覚や体幹に刺激を与えることができます。

肩こり解消すっきりストレッチ

① 大人と赤ちゃんが並んで寝る
② 大人は背中・胸を意識しながら、円を描くように腕をゆっくり回す
③ 慣れてきたら腕を少しずつ伸ばしながら床を触るように行う
④ 反対回しでも行う

赤ちゃんは寝転ぶ動きができます。同時に産後のお母さんの体をいたわりながら親子で触れ合えます。

ハイハイができる頃

飛行機ゆらゆら

① 大人は仰向けに寝て、両足に赤ちゃんのおなかを乗せる
② 大人は赤ちゃんの手を持ちながら、両足を上げる
③ 赤ちゃんのバランスが安定したら両脇を支え、大人は両足を前後にゆらゆら揺らす

赤ちゃんはバランスを取ろうと自然と体の中心に力が入り、寝返りや転がる際などに使う筋肉を鍛えることができます。

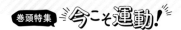

1歳向け

バランス背中歩き

❶ 大人は壁に沿ってうつ伏せに
　寝る
❷ 大人の背中を子どもが歩く

背中を歩くことでバランス感覚を磨きます。慣れるまでは壁を支えにすると転倒の心配がなくなります。

うちゅう遊泳ストレッチ

❶ 大人は膝を伸ばして座り、子どもは大人の背
　中側に立つ
❷ 大人と子どもは両手をつなぐ

❸ 子どもは大人の背中にもたれかかり、大人は子どもの重さを利用して上半身をゆっくり前に倒す

ぶら下がりの動きでバランス感覚を磨きます。大人は上半身を前に倒す際、膝を曲げると楽にできます。

2歳半向け

ブランコ

❶ぴーんと伸ばしたタオルを子どもの膝裏に当てる

❷子どもをタオルごとゆっくり持ち上げ、その場で左右にゆらゆら振る

自然と体の重心をコントロールし、平衡感覚を磨きます。安全のために子どもには、大人の腕またはタオルをしっかり持たせましょう。

ジェットコースター

❶「ブランコ」の❷の状態から、大人はびゅーんと動き回りながらタオルごと子どもを左右前後に大きく振る

ブランコよりダイナミックな動きになり、体幹や平衡感覚を鍛えます。

動画もチェック

2歳半向けの運動遊び「ブランコ」「ジェットコースター」は動画配信サイト「ユーチューブ」の仙台大公式チャンネル「運動わくわく運動あそび／仙台大学子ども運動教育」でも公開。

紹介しているその他の運動遊び

動物競争、しっぽ追いかけ、しっぽとり、引っ張り合い、タオルパンチ、キャッチボール、背中歩き

宮城県

子育て行政サービス

生まれてよかった 育ってよかった 住んでよかった
世界に誇れる宮城

 宮 城 県

〒980-8570
仙台市青葉区本町3-8-1
TEL022-211-2111
人　口／227万1922人
世帯数／102万4359世帯
面　積／7282平方㌖
（2021年9月30日現在）

みやぎ子育て支援パスポート

　県は、「地域みんなで！子育ておせっかい♪」を合言葉に、「子育て支援を進める県民運動」に取り組んでいる。この運動は、行政や企業、住民など、地域が協力することで県内の子育て支援の輪を広げ、「子育てにやさしい宮城県」を目指すものだ。「子育て支援を進める県民運動」の一環として県内の子育て家庭を社会全体で応援するために、みやぎ子育て支援パスポート事業を実施している。

　この事業では、子育て家庭が「みやぎっこ応援の店」で「みやぎ子育て支援パスポート」を提示すると、割引やおまけのプレゼントなどのサービスを受けられる。サービスの内容や利用条件などは、店により異なっているので、利用時には事前に確認しよう。

　2018年11月から「みやぎ子育て支援パスポートサイト」を開設し、サイト上で利用者登録や店舗サービスの内容などの検索が可能となっており、「みやぎ子育て支援パスポート」もスマートフォンで利用できる。

　「みやぎっこ応援の店」は「みやぎ子育て支援パスポートサイト」で検索することができる。21年11月現在、約2300店が登録していて、飲食店や塾、クリーニング店など、暮らしに役立つお店がいっぱいだ。

　また、同様の事業は全都道府県で実施している。それぞれの都道府県によって利用条件が異なるので、事前にウェブサイトなどで確認しよう。

みやぎ子育て支援パスポートサイト
https://miya-pass.jp/
参加自治体リンク集:
https://www8.cao.go.jp/shoushi/shoushika/passport.html
みやぎ子育て支援パスポートFacebookページ
https://www.facebook.com/みやぎ子育て支援パスポート-110086797399768/

※スマホ版サイトイメージ

「みやぎっこ応援の店」募集中

　県は、子育てや子どもとのお出掛けを支援する「みやぎっこ応援の店」を募集している。

　登録方法は「みやぎ子育て支援パスポートサイト」を確認しよう。

https://miya-pass.jp/

みやぎっこ応援ローン

　県は、少子化の一因とされている出産・子育てに係る経済的な負担や不安の軽減を図るため、県内に本店を置く11金融機関と連携し「みやぎ子育て世帯支援総合融資」を行っている。

　子育てに係る資金全般について、妊娠している方から大学卒業までの子どもがいる子育て世帯を対象に、優遇金利で融資を行う制度だ。多くの県民に利用してもらい、出産・子育てを希望する方が安心して子どもを産み、育てることができる地域社会の実現につなげていく。

融資の特徴
・県内に在住する「子育て世帯」（妊娠中も含む）を対象
・使途は出産や扶養する子の養育および教育に要する資金全般を対象
・県と県内金融機関が連携し、各金融機関の企画提案により新たな融資商品を創設
・県が融資原資の一部を各金融機関に預託することで、各金融機関が提案した金利から2％引き下げた金利を貸出金利として設定

取扱金融機関
七十七銀行、仙台銀行、石巻信用金庫、気仙沼信用金庫、仙南信用金庫、宮城第一信用金庫、杜の都信用金庫、東北労働金庫、石巻商工信用組合、仙北信用組合、古川信用組合（計314店、うち県内297店）

利用できる方
・申込時に県内に住所を有する（※1）

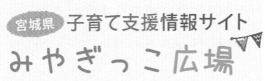

・22歳以下の子ども（※2）を扶養している、ならびに妊娠中およびその配偶者
・申込時の年齢が満20歳以上（※3）
・継続して安定した収入がある
・そのほか各金融機関が定める融資基準を満たしている
※1…信用金庫と信用組合においては、それぞれの営業地域内に居住または勤務している
※2…満22歳に達する日以後の最初の3月31日までの間にある子ども（ただし大学において修業年限を6年とする課程にある子にあっては、満24歳に達する日以後の最初の3月31日までの間にある子ども）
※3…金融機関により上限年齢が設定されている場合あり

融資額
最大500万円
※金利や融資期間など詳しくは県ウェブサイトを確認するか、金融機関に問い合わせを

融資対象使途
出産や教育など子育てに必要となる資金全般。ただし事業性資金、レジャー・娯楽資金、借換資金、投機・転貸資金および高級服飾品を購入する資金などは除く

みやぎっこ応援隊

県は、地域で子育てを支援する団体を「みやぎっこ応援隊」として登録している。団体の活動については、県ウェブサイトで公開している。

みやぎ子育て支援パスポートからここまで
問／子育て社会推進課 TEL022-211-2528

児童相談所

児童相談所は、市町村と連携を図りながら子ども（18歳未満）に関する家庭、学校、地域などからの相談に応じ、子どもが有する問題や真のニーズ、子どもの置かれている環境の状況を的確に捉え、それぞれの子どもや家庭に効果的と思われる支援・援助を提供することで、子どもの福祉を図り、子どもの権利を守ることを目的に設置された行政機関。

その任務と機能は、児童福祉法に基づき次のように定められている。
①**相談機能** 家庭、学校、地域からの相談を受け、子どもの家庭状況、地域状況、生活歴、発達状況、性格、行動などについて総合的に調査・診断・判定を行う。それらを基に、関係機関と連携して子どもへの一貫した支援を行う

児童相談所への相談の内容（例）

養護の相談	家庭の事情（親が病気、経済的に難しいなど）により、子どもを育てることができない。親がいなくなってしまい、子どもに身寄りがない。つい、子どもをたたいてしまう、傷つけるようなことを言ってしまう、無視してしまうなど。
非行の相談	お金の持ち出し、暴力・暴言、家出、盗み、火遊び、夜間徘徊（はいかい）、シンナー等薬物の使用などで困っている。
性格行動の相談	部屋（家）に閉じこもって出てこない（外出しない）。家庭や学校などで落ち着きがなく、みんなと一緒に行動できない。
発達の相談	ほかの子どもと比べて言葉が遅れている。身の回りのことがなかなか身に付かない。障害のある子どもの育て方を知りたい。
里親などの相談	家庭に恵まれない子どもを預かり、育てたい。

②**一時保護機能** 効果的な援助を行うため、必要に応じて子どもを家庭から離して一時保護する

③**措置機能** 子どもへの援助として、児童福祉施設に入所させる、または里親に養育を委託するなどの措置を行う

上記のほかにも、親権者の親権喪失宣告の請求や未成年者の後見人の選任・解任請求を家庭裁判所に対して行ったり、児童虐待への対応のために該当する家庭への立ち入り調査や警察への協力要請を行ったりできる。

●各種相談にも対応

児童相談所は、子どもの心や体のこと、家庭や学校での気掛かりなことについて相談に応じ、子どもが明るく健やかに成長できるよう、援助をする専門機関でもある。親や地域などからの各種相談に応じている。

相談は無料で、内容や個人の秘密は厳守される。

問／中央児童相談所 TEL022-784-3583（仙台都市圏＝仙台市除く＝）、北部児童相談所 TEL0229-22-0030（大崎圏、栗原圏）、東部児童相談所 TEL0225-95-1121（石巻圏、登米圏）、東部児童相談所気仙沼支所 TEL0226-21-1020（気仙沼・本吉圏）、仙台市児童相談所 TEL022-219-5111（仙台市）、児童相談所虐待対応ダイヤル「189」または児童相談所相談専用ダイヤル「0120-189-783」にダイヤルすると、24時間いつでも近くの児童相談所に通告・相談できる

子どもを虐待から守るための5カ条

その1
「おかしい」と感じたら迷わず連絡（通告）を

その2
「しつけのつもり」は言い訳

その3
ひとりで抱え込まない

その4
親の立場より子どもの立場

その5
虐待はあなたの周りで起こり得る

児童虐待防止の推進

県では各関係機関と協力・連携し、児童虐待防止を推し進めている。身近なところで虐待をうかがわせるようなケースがあったら、まずは相談機関へ連絡を。

●子どもの虐待の種類
主に次の四つのタイプがある。

①**身体的虐待** 殴る、蹴るなどで外傷を負わせたり、生命が危うくなるようなけがをさせたりなど

②**性的虐待** 子どもにわいせつな行為をする、または子どもにわいせつな行為をさせる

③**ネグレクト**（養育の拒否・保護の怠慢）
適切な食事を与えない、ひどく不潔なままにする、重大な病気やけがをしても医師に診せない、同居人による暴力の放置など

④**心理的虐待** 子どもの存在の無視、言葉による脅しや脅迫、兄弟姉妹間の差別的な扱い、子どもの前での暴力・暴言など心に不安や恐怖を与えること

相談は居住地の市町村の福祉や母子保健の窓口で受け付けるほか、県保健福祉事務所（地域事務所）、児童相談所で受け付ける。

また、県保健福祉事務所（地域事務所）では子どもや家庭関係全般に関する相談も受け付けている。

複数の機関・窓口で同様の相談に応じていて、どこに行けばよいのか悩むかもしれないが、いずれも専門の担当者が配置され、親身に相談に乗ってくれる。まずは早めの相談が肝心だ。

まなウェルみやぎ

教育・保健福祉分野における県民サービスの向上を目的とした複合施設「まなウェルみやぎ」は名取市の仙台空港アクセス線・美田園駅のそばにある。

施設には総合教育センター、美田園高校、子ども総合センター、中央児童相談所、リハビリテーション支援センターが入っていて、いずれも県の機関だ。

子どもに関わる教育と福祉の諸施設が1カ所にあるため、施設間の連携が一層強まり、発達障害、不登校、いじめ、虐待など、さまざまな相談に応じたきめ細かなサービスが可能だ。また、一人一人の子どもの暮らし方や環境に応じ、教育と福祉の両面から総合的、専門的かつ継続的な支援ができる。

●宮城県子ども総合センター

子ども総合センターは、子どもメンタルクリニック、子どもデイケア、子どもの健全育成関係者の人材育成、関係機関の支援などを実施。施設1階にある「のびのびルーム」「にこにこラウンジ」を火〜木曜（祝日、年末年始除く）の9：30から11：30まで「のびのびサロ

美田園駅そばの県道沿いにある

▼▶広々と遊べる
「にこにこラウンジ」

◀▲絵本や遊具がそろう
「のびのびルーム」

「まなウェルみやぎ」の外観

ン」として開放している。

　乳幼児とその家族が対象で、子どもに絵本を読んであげたり、ほかのファミリーと一緒に遊び、会話を楽しんだりと交流の場として活用できる。のびのびルームの本は貸し出し可。にこにこラウンジには、おもちゃもたくさんある。いずれも利用無料（託児はなし）。

　また、保育所や幼稚園、子育て支援施設やボランティア団体向けに、のびのびルームに保管中の紙芝居、大型絵本、パネルシアター、エプロンシアターなどを貸し出している。
問／TEL022-784-3580
●宮城県総合教育センター
　総合教育センターには不登校・発達支援相談室「りんくるみやぎ」が設置されており、電話による各種相談に応じている。
・子供の相談ダイヤル TEL022-784-3568
　月・金曜10：00～16：00
　火～木曜9：00～16：00
　（祝日、年末年始除く）

・不登校相談ダイヤル TEL022-784-3567
　月・金曜10：00～16：00
　火～木曜9：00～16：00
　（祝日、年末年始除く）
・発達支援教育相談ダイヤル
　TEL022-784-3565
　月～金曜9：00～16：00（祝日、年末年始除く）
　相談先に悩む場合は、月～金曜（祝日、年末年始除く）の8：30から17：15まで「まなウェルみやぎ相談支援テレホン」TEL022-784-3570で対応。いじめなどに悩む子ど

もと保護者には、24時間年中無休の「24時間子供SOSダイヤル」フリーダイヤル0120-0-78310（IP電話での利用は022-797-0820〈有料〉）もある。
問／TEL022-784-3541

宮城県母子・父子
福祉センター

　仙台市宮城野区安養寺にある母子・父子福祉センターは、ひとり親家庭や寡婦の方の

就業支援事業

就業相談に応じ、家庭状況や職業の適性、就業への意欲形成、職業訓練の必要性などを把握し、求人の情報提供など適切な指導や助言を行う。

就職・転職セミナーの開催

就業準備・離転職に関するセミナーを開催している。

就業支援講習会の開催

就業に結び付く可能性の高い技能、資格を習得するためパソコンや介護の講習会を開催している。

就業情報提供事業

求職登録者、講習会修了者らの求職活動を支援するため、就業支援バンクを開設。希望する雇用条件などを登録し、それに応じた求人情報を登録者に提供する。

母子父子家庭等電話相談事業

ひとり親家庭や寡婦を対象に、電話相談を実施。就業や家事など日々の生活に追われたり、相談相手を得るのに困難な面があったりすることから、気軽に利用してもらおうと日曜にも受け付けている。
TEL022-295-0013
相談時間／9:00～17:00
（火・土曜、祝日、年末年始除く）

問／TEL022-295-0013

生活全般や就業などの各種相談に応じ、自立を支援する施設。センターには公益財団法人宮城県母子福祉連合会の事務局があり、県からの指定管理を受け、センターの管理・運営に当たっている。

特に就業支援の面ではひとり親家庭の親に重点を置き、上記の事業を実施している。

ひとり親家庭支援員

県では各保健福祉事務所（地域事務所）に「ひとり親家庭支援員」を配置している（下記の表）。

支援員はひとり親家庭が抱えるさまざまな問題や、母子父子寡婦福祉資金の貸し付け

などの相談に応じ、問題解決に必要な助言や支援を行っている。仙台市をはじめ一部の市にも支援員がいる。

ひとり親家庭支援ほっとブック
〜子育てをひとりで悩まないための本〜
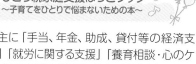

主に「手当、年金、助成、貸付等の経済支援」「就労に関する支援」「養育相談・心のケア、法律相談」「住居、保育、就学支援、その他の支援」に分かれ、それぞれ該当する手当や給付金、貸付金、助成金、相談機関と連絡先、支援内容などが紹介されている。

県のウェブサイトからダウンロードできる。
問／子ども・家庭支援課
TEL022-211-2532

ひとり親家庭支援員 相談・問い合わせ先

事務所	電話（直通）	所在地
仙南保健福祉事務所	0224-53-3132	大河原町字南129-1
仙台保健福祉事務所	022-363-5507	塩釜市北浜4-8-15
北部保健福祉事務所	0229-91-0712	大崎市古川旭4-1-1
北部保健福祉事務所 栗原地域事務所	0228-22-2118	栗原市築館藤木5-1
東部保健福祉事務所 登米地域事務所	0220-22-6118	登米市迫町佐沼字西佐沼150-5
東部保健福祉事務所	0225-95-1431	石巻市あゆみ野5-7
気仙沼保健福祉事務所	0226-21-1356	気仙沼市東新城3-3-3

母子生活支援施設

母子生活支援施設は、さまざまな事情で子どもの養育が十分にできない場合、母親と子ども（18歳未満※）が一緒に入所できる施設。単に居室を提供するだけでなく、母子指導員や少年指導員らが母親の自立を援助し、子どもが健やかに育つよう指導に当たる。
入所対象／配偶者のいない女性、またはこれに準ずる事情にある女性で、その養育している児童（18歳未満※）の福祉に欠けるところがあると認

められる場合
支援内容／居室の提供、母子指導員や少年指導員による生活支援など
費用／収入に応じて入所に係る経費を一部負担
※特別な事情がある場合、満20歳に達するまで利用可

問い合わせは県の各保健福祉事務所（地域事務所）、または各市の福祉事務所（福祉担当課）へ。

施設一覧

施設名
宮城県さくらハイツ
栗原市ファミリーホームひだまり
仙台つばさ荘
仙台むつみ荘

東日本大震災 みやぎこども育英募金

東日本大震災の被災地では子どもたちを取り巻く環境が激変し、中でも震災により保護者を亡くした世帯では、子どもが進学するにつれて金銭的な面から就学が困難になるケースが多い。このように子どもたちを巡る課題や情勢は時間とともに変化しており、今後も中長期的な支援が必要だ。

県では全ての子どもたちが困難を乗り越え健やかに育っていけるよう、寄付金を基金として積み立て、子どもたちの支援に活用している。2021年11月30日現在で2万484件計123億6209万9023円の寄付があった。寄付金は未就学児には支援金として、小学生から大学生等までは給付型奨学金として、月額金および入学・卒業時の一時金支給に充て、長期的かつ継続的な支援を行っている。

支援金も奨学金も県内に住み生計を一としていた保護者（父、母もしくはこれらに類する人）が震災により、死亡か行方不明になっている未就学児（震災時に胎児も含む）から大学生等までが対象だ。支給額と対象者数はそれぞれ表1と表2の通り。

奨学金は原則として他団体の貸与型、給付型の奨学金等との併給が可能。ただし他の都道府県（主に岩手県、福島県）が行う同種の給付型奨学金との併給は認められない。県内の一部の市で同種の奨学金の給付が行われているが、それらの奨学金との併給は可能だ。

2021年3月31日現在で、申請のあった1089人（震災時大学生を含む）に総額27億2981万円を給付した。県では震災時に生まれた子どもたちが大学等を卒業するまで給付を継続していく。

遺児等サポート奨学金

2019年4月に始まった奨学金制度で、病気や事故など（東日本大震災以外の要因）により保護者を亡くした小中学生が、安定した学校生活を送り希望する進路を選択できるよう奨学金を給付する。

対象は県内の小学校、中学校、義務教育学校、中等教育学校の前期課程ならびに特別支援学校の小学部および中学部に在籍し、保護者（父、母もしくはこれらに類する人）を震災以外の要因で亡くした児童・生徒。ただし保護者の死亡後、再婚（事実婚を含む）、保護者以外と児童・生徒との養子縁組などで、亡くなった保護者に代わる者がいる場合は対象外。
問／県教育庁総務課 TEL022-211-3613

奨学金の種類と金額

種類	金額
月額金	1万円
小学校卒業時一時金	15万円
中学校卒業時一時金	20万円

母子父子寡婦 福祉資金貸付金

ひとり親家庭や寡婦の経済的自立と生活の安定、扶養している児童の福祉増進を図るため、無利子または低利で資金の貸し付けを行っている。

対象者
①配偶者のいない者で20歳未満の児童を扶養している者（母子家庭の母、父子家庭の父）
②寡婦（かつて母子家庭の母だった方）
③父母のいない児童
④配偶者のいない者が扶養する児童

表1 支給額

	未就学児	小学生	中学生	高校生等	大学生等
月額金	1万円	3万円	4万円	5万円	自宅通学　　6万円 自宅外通学10万円
一時金	●小学校入学時に10万円　　●小学校卒業時に15万円 ●中学校卒業時に20万円　　●高校等卒業時に60万円				

※2019年4月から奨学金の月額金が増額された
※2019年4月の月額金から大学院生も対象になった
※2019年4月の月額金から大学生等に自宅通学・自宅外通学の区分が設けられた

表2 対象者数 （人）

	支援金	奨学金				合計
	未就学児	小学生	中学生	高校生	大学生等	
震災孤児	10	56	29	44	0	139
震災遺児	219	310	205	210	26	970
合計	229	366	234	254	26	1109

（2021年3月31日現在）
※学年は震災時のものであり、現時点での学年ではない

⑤40歳以上の配偶者のいない女性で児童を扶養していない方
⑥母子・父子福祉団体

資金種別（用途）や貸付限度額、貸付期間、償還期間が決まっていて、審査の上での貸し付けとなる。資金種別（用途）や貸付限度額などについては県ウェブサイトの「母子父子寡婦福祉資金貸付金について」で確認できる。一部貸付金を除き連帯保証人を立てなくても申請はできるが、ケースによっては必要となる。

申請から貸し付け決定までには審査など一定の期間を要するので、希望者は県の保健福祉事務所（地域事務所）の母子・障害担当班に早目に相談を（仙台市民は各区役所）。

ひとり親家庭の高等職業訓練促進給付金・貸付金

一定の専門的な資格を取得するために母子家庭の母、父子家庭の父が1年以上（2021年度においては6カ月以上）養成機関で修業する場合、その一定期間について高等職業訓練促進給付金（訓練促進給付金）を支給するとともに、訓練終了後に高等職業訓練修了支援給付金（修了支援給付金）を支給する。

対象者
県内（仙台市を除く）在住の母子家庭の母または父子家庭の父で次の要件を全て満たす人
①児童扶養手当の支給を受けているか、同等の所得水準にあること
②養成機関において1年以上（2021年度にお

支給額など

訓練促進給付金	市町村民税非課税世帯	月額10万円※
	市町村民税課税世帯	月額7万500円※
修了支援給付金	市町村民税非課税世帯	5万円
	市町村民税課税世帯	2万5000円

※修業期間の最後の12カ月間は4万円が増額される
※非課税世帯とは、対象者と住所を同一としている方全員が市町村民税非課税である必要があります

いては6カ月以上）のカリキュラムを修業し、対象資格の取得が見込まれる者などであること
③就業または育児と修業の両立が困難であると認められる者であること
④原則として、過去に訓練促進給付金または修了支援給付金それぞれの支給を受けていないこと

対象資格
・看護師　・准看護師　・介護福祉士　・保育士　・理学療法士　・作業療法士　・理容師　・美容師　・鍼灸師　・歯科衛生士　・社会福祉士　・製菓衛生師　・調理師　・シスコシステムズ認定資格　・LPI認定資格　など

対象期間
①訓練促進給付金は修業期間（カリキュラム期間）の全期間（上限4年）が支給対象期間
②修了支援給付金は養成機関の修了日を経過した日以後に支給

居住地が市の場合は市の母子福祉担当課、町村の場合は居住地を管轄する県保健福祉事務所（地域事務所）に申請を。また、訓練促進給付金を活用して養成機関に在学し、就職に有利な資格の取得を目指すひとり親家庭の親に対し、入学準備金・就職準備金を貸し付ける「高等職業訓練促進資金貸付金」もある。一定の条件を満たせば貸付金の返還が免除となる。

給付金についての問い合わせは県の各保健福祉事務所（地域事務所）、または各市の福祉事務所（福祉担当課）へ。

貸付金についての問い合わせは県社会福祉協議会（TEL022-399-8844）へ。

ひとり親家庭の自立支援教育訓練給付金

母子家庭の母、父子家庭の父が就職のために一定の教育訓練を受講した場合、その費用の一部を支給することにより、ひとり親家庭の自立の促進を図ることを目的としている。

対象者
県内（仙台市を除く）在住の母子家庭の母または父子家庭の父で、次の要件を全て満たす人（市によって実施していない場合あり）。
①児童扶養手当の支給を受けているか、また

は同等の所得水準にあること
②当該教育訓練を受けることが適職に就くために必要であると認められること
③原則として、過去に自立支援教育訓練給付金などの教育訓練給付を受けていないこと

対象講座
①雇用保険制度の教育訓練給付の指定教育訓練講座

受講する講座の教育訓練機関に問い合わせるか、最寄りのハローワークでも閲覧できる。
②他に知事が必要と認める講座

支給額
対象講座の受講のために本人が支払った費用の60％に相当する額で20万円が上限。ただし、専門実践教育訓練給付金の指定講座の場合は、修学年数×20万円となり、上限は80万円。1万2000円を超えない場合は支給されない。また雇用保険法による一般教育訓練給付金または特定一般教育訓練給付金もしくは専門実践教育訓練給付金の支給を受けた人は、当該教育訓練給付金との差額を支給する。

申請方法
受講を始める前に、居住地が市の場合は市の母子福祉担当課、町村の場合は居住地を管轄する県保健福祉事務所（地域事務所）に相談した上で、対象講座の指定申請を行う。

問い合わせは県の各保健福祉事務所（地域事務所）、または各市の福祉事務所（福祉担当課）へ。

児童福祉施設・その他問い合わせ窓口 児童福祉法に基づく施設で、さまざまな種類の施設があるが、いずれも児童の福祉の向上を図ることを目的としている。

種別	内容	県内施設	所在地	電話
助産施設	保健上必要があるにもかかわらず、経済的理由により入院助産を受けることができない妊産婦を入所させて助産を受けさせる施設	県内各地にあります。詳細はウェブサイトをご覧ください https://www.pref.miyagi.jp/soshiki/kodomo/josan.html		
乳児院	棄児、父母の死亡、未婚の母または保護者に監護されることが不適当な乳幼児をおおむね2歳に達するまで養育する施設	丘の家乳幼児ホーム	仙台市青葉区小松島新堤7-1	022-233-3202
		宮城県済生会乳児院	仙台市宮城野区東仙台6-1-1	022-293-1281
保育所	保育を必要とする乳児・幼児を日々保護者の下から通わせて保育を行うことを目的とする施設	県内各地にあります		お住まいの市町村へ
児童厚生施設	広く一般児童のために健全な遊びを与えて、その健康を増進し情操を豊かにする施設。児童館(児童センター)、児童遊園など	県内各地にあります		お住まいの市町村へ
児童養護施設	家庭環境に恵まれない児童を入所させて、心身ともに健やかに育成する施設	丘の家子どもホーム	仙台市青葉区小松島新堤7-1	022-234-6303
		仙台天使園	仙台市太白区茂庭台4-1-30	022-281-5181
		ラ・サール・ホーム	仙台市宮城野区東仙台6-12-2	022-257-3801
		小百合園	仙台市宮城野区枡江1-2	022-257-3898
		旭が丘学園	気仙沼市舘山2-2-32	0226-22-0135
児童心理治療施設	家庭や学校での人間関係が原因となって、心理的に不安定な状態に陥ることにより、社会生活が困難になっている児童が短期間入所または通所し、心理面からの治療および指導を受ける施設	小松島子どもの家	仙台市青葉区小松島新堤7-1	022-233-1755
児童自立支援施設	不良行為をなし、またはなすおそれのある児童および家庭環境等により生活指導などを要する児童を入所させ、個々の児童の状況に応じて、必要な指導を行い支援する施設	宮城県さわらび学園	仙台市太白区旗立2-4-1	022-245-0333
福祉型障害児入所支援施設	知的障害を持つ児童が、入所により保護および独立生活に必要な知識技能の供与を受けることができる施設	宮城県啓佑学園	仙台市泉区南中山5-2-1	022-379-5001
医療型障害児入所支援施設	18歳未満の肢体不自由のある児童が入所して治療を受けるとともに、独立自活に必要な知識・技能を習得するための指導や援助を受けることを目的とする施設	宮城県立拓桃園	仙台市青葉区落合4-3-17	022-391-5111
		仙台エコー医療療育センター	仙台市青葉区芋沢字横前1-1	022-394-7711
		独立行政法人国立病院機構西多賀病院(指定医療機関)	仙台市太白区鈎取2-11-11	022-245-2111
		独立行政法人国立病院機構宮城病院(指定医療機関)	山元町高瀬字合戦原100	0223-37-1131

DVや不妊・不育・妊娠・出産などに関する相談は下記の窓口でも受け付けている。

種別	内容	電話・サイト	
女性相談センター	女性の抱えるさまざまな悩みに対して相談や支援を行っている 日時/月〜金曜8:30〜17:00(祝日、年末年始を除く)	TEL022-256-0965 https://www.pref.miyagi.jp/soshiki/jyoseict/soudandenwa.html	
不妊・不育専門相談センター	専門の相談員が不妊や不育症に悩む方の相談を行っている 電話相談/水曜9:00〜10:00　木曜15:00〜17:00(いずれも祝日、年末年始など除く) 面接相談/電話相談の上、予約必要	TEL022-728-5225 https://www.pref.miyagi.jp/soshiki/kodomo/huninsoudan.html	
助産師による妊産婦電話相談	助産師が妊娠・出産などに不安を抱える県内の妊産婦の電話相談を行っている 日時/月・水・金曜13:00〜19:00(祝日、年末年始を除く)	TEL090-1060-2232 https://www.pref.miyagi.jp/soshiki/kodomo/ninnpusoudann.html	

宮城県 こども医療編

宮城県こども夜間安心コール

夜間、子どもが急な病気になったとき、けがをしたときに医療相談ができる電話相談ダイヤルを開設し、症状に応じた対応への助言や医療機関案内などを行っている。

・相談時間／毎日19:00〜翌朝8:00
・相談対象者／おおむね15歳までの子どもの保護者など
・対応内容／子どもの急な病気やけがへの応急方法に関する助言など
・相談対応者／看護師

・相談電話番号／
#8000（プッシュ回線の固定電話、携帯電話用）
TEL022-212-9390（プッシュ回線以外の固定電話、PHSなど用）
※相談はあくまでも助言であり、診療ではない
問／医療政策課 TEL022-211-2622

みやぎけんこどもの救急ガイドブック

子どもの急な発熱やけがなどについて、症状別に医療施設へのかかり方のおおよその目安や家庭での対処法、医師にかかるときに伝えることなどをまとめたガイドブック。生後1カ月〜6歳ぐらいの乳幼児で、夜間や休日の急病を想定している。

症状別に○発熱（38℃以上） ○新型インフルエンザ ○けいれん・ふるえ ○せき（ゼェゼェする） ○腹痛・便秘 ○下痢 ○吐き気・吐いたとき ○誤飲（変なものを飲み込んだ） ○やけど ○頭を打った といったページに分かれている。

症状・状態に応じたフローチャート方式で、例えば夜間・休日に今すぐ受診した方がいいのか、それとも様子を見ながら診療時間になるのを待ち、かかりつけ医に診てもらう方がいいのか、判断の目安になる。

もちろん家庭での対処法や医師に伝える際のポイントなども紹介し、日頃から目を通すことでいざというときでも慌てず、確実な対応につながりそうだ。ガイドブックは県ウェブサイトからダウンロードできる。
問／医療政策課 TEL022-211-2622

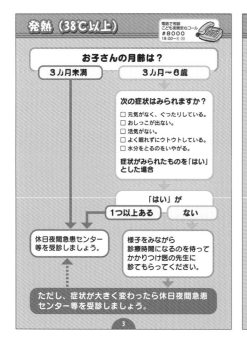 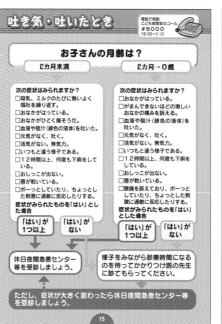 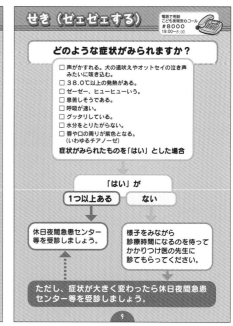

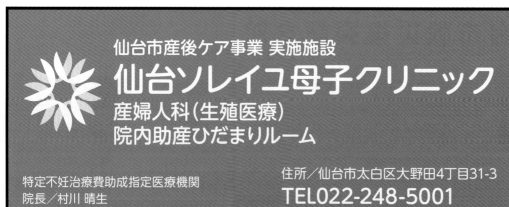

**在宅当番医制と
休日・夜間急患センター**

休日や夜間には地域の診療所などが当番で治療を行っている。また、県内では5カ所の休日・夜間急患センターが小児急患を診療している。地域ごとに診療所などの当番日や診療時間が異なるので、新聞や市町村の広報紙、県のウェブサイト、電話による「休日・夜間診療案内」などで確認しよう。

みやぎのお医者さんガイド

県では、医療を受ける人が医療機関の選択を適切に行うことに役立ててもらおうと、県内の医療機関の情報を「みやぎのお医者さんガイド」としてウェブサイトで公開している。

「○○市の☆☆診療科を知りたい」「今この時間に診療している医療機関を調べたい」「□□病院の院内サービスや費用負担、医療の実績を知りたい」「24時間往診可能な医療機関は?」といった調べたい条件に合わせ、県内の医療機関を簡単に検索できる。

休日・夜間診療案内の電話番号

案内地域	案内電話番号
白石市、角田市、刈田郡、柴田郡、伊具郡	0224-53-3409
仙台市	022-216-9960
名取市、岩沼市、塩釜市、多賀城市、富谷市、亘理郡、宮城郡、黒川郡	022-216-9970
大崎市、栗原市、登米市、加美郡、遠田郡	0229-24-2267
石巻市、東松島市、牡鹿郡	0225-95-3290
気仙沼市、本吉郡	0226-24-2154

休日・夜間急患センター

名称・所在地	電話番号	小児科の診療受付日時
仙台市北部急患診療所 仙台市青葉区堤町1-1-2（エムズ北仙台2階）	022-301-6611	金　曜19:15～23:00 土　曜18:00～23:00 日曜・祝日 9:45～23:00
仙台市夜間休日こども急病診療所 仙台市太白区あすと長町1-1-1（仙台市立病院1階）	022-247-7035	平　日19:15～翌7:00 土　曜14:45～翌7:00 日曜・祝日 9:45～翌7:00
名取市休日夜間急患センター 名取市下余田字鹿島74-3	022-384-0001	土　曜18:00～21:00 （12月～3月） 日曜・祝日 9:00～16:30
塩釜地区休日急患診療センター 塩釜市錦町7-10	022-366-0630	土　曜18:30～21:30 日曜・祝日 8:45～16:30
石巻市夜間急患センター 石巻市蛇田字西道下71	0225-94-5111	平　日19:00～22:00 土　曜18:00～翌7:00 日曜・祝日18:00～翌6:00 （翌日が祝日の場合は翌7:00まで）

※診療時間には昼休みなどの時間帯が含まれているので、各医療機関に確認を

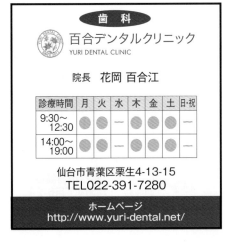

東北大学病院

宮城県立こども病院

トップページには「医療機関基本検索」「急な症状や困った時」「いろいろな条件で探す」があり、それぞれさらに検索項目が細分化。「急な症状や困った時」の検索項目には「こどもの病気」があり、診療科として小児科や小児外科を掲げる医療機関が検索できる。追加検索項目として市区町村指定もできるので、必要とするエリアの医療機関に絞ることも可能だ。また「地図から探す」の検索項目からもエリアを絞って調べられる。

検索の結果、医療機関の名称、電話番号、診療時間、ウェブサイトの有無、特記事項が分かる。

子どももちろん、大人の急病時にも気軽に活用できそうだ。アドレスはhttp://medinf.mmic.or.jp
問/医療政策課 TEL022-211-2614

子どもメンタルクリニック

子どもメンタルクリニックの待合室

「まなウェルみやぎ」にある宮城県子ども総合センターでは「子どもメンタルクリニッ

ク」を開設し、児童精神科外来診療を行っている。原則として中学3年生までが対象で、診療日は月〜金曜（土・日曜、祝日、年末年始は休診）で完全予約制。大崎、石巻、気仙沼でも出張診療を行っており、いずれも保険診療だ。

また、診療の一環として、小・中学生を対象に「子どもデイケア」（児童思春期精神科デイケア）も開設している。
問/子ども総合センター
　　TEL022-784-3576

宮城県アレルギー疾患医療拠点病院

アレルギー疾患は乳児期から高齢者まで、国民の約2人に1人が罹患（りかん）しているといわれ、患者数は近年増加傾向にあり、大きな問題となっている。県ではアレルギー疾患を有する人が、住んでいる地域にかかわらず、等しく適切な医療を受けられるよう、

アレルギー疾患対策の中心的な役割を担う「宮城県アレルギー疾患医療拠点病院」を2018年8月1日に指定した。
拠点病院
国立大学法人東北大学 東北大学病院（仙台市青葉区）
地方独立行政法人 宮城県立こども病院（仙台市青葉区）
拠点病院の役割
①重症および難治性アレルギー疾患の正確な診断・治療・管理
②患者やその家族、地域住民に対する講習会の開催や適切な情報の提供
③医療従事者等に対する人材育成
④アレルギー疾患の実情を継続的に把握するための調査・分析
⑤学校・児童福祉施設等におけるアレルギー疾患対応への助言・支援
問/疾病・感染症対策課
　　TEL022-211-2465

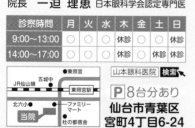

まずは家族の観察と判断 「これは」と思ったら素早く病院へ

子どもも大人もかかる病気があれば、子どもならではの疾患もある。加えて体や心の発達、思わぬけがなど、子どもが医療機関の世話になる機会は思いのほか多い。

特に乳幼児期は話すことができなかったり、まだ会話が片言だったりと自分の不調を具体的に訴えることができない。年齢が低いほど身体の抵抗力が弱く、病態が急変する可能性も高い。

家族の観察と判断が何よりも重要だ。分かりやすく、かつ、ありがちな症状としては熱、嘔吐（おうと）、衰弱、けいれんなどがある。症状は単独なのか、それとも複合的か、程度はどれくらいかなどを目安にしよう。呼吸の状態も要チェック。

全身状態チェック 早めに日中受診も

熱の場合、子どもは平熱が高く個人差もあるので、熱が高いからといって必ずしも重篤な状態ではないケースが多い。しかし、全身状態が普段と明らかに異なる場合は受診した方がいい。

感染性の疾患で、子どもの夜間や休日の受診が多いのも事実。症状悪化に先立ち「なんか、だるそう」など、軽い症状が先に出ていることもある。ある程度様子を見ても改善する気配がなさそうなら、むしろ日中の受診がお勧めだ。

何度も吐いたり、衰弱して目の周りがくぼんでいたり、または呼吸が変、けいれんしているといった症状が見られるときは、急いで受診を。病気によるものではなく、頭や胸の打撲が原因の場合がある。

発熱時に現れやすい 熱性けいれんとは

乳幼児期（生後6カ月～5歳ぐらい）に起こりやすい症状の一つに、熱性けいれんがある。1歳前後が発熱時（38度以上）に引き

起こしやすく、子どものけいれんの中で最も多いとされる。原因は不明だが、遺伝的要因（親がかかったことがある）や発育途中の脳に熱が加わったことで異常を引き起こすのではないかとみられる。

インフルエンザや突発性発疹症などにかかったときに発症リスクが高まり、発熱後24時間以内にけいれんを引き起こすのがほとんど。嘔吐や下痢はないという。通常は5分程度で収まるが、10分以上継続したり、一日に何度か繰り返したりすることもあり、このような場合は重篤だ。髄膜炎や脳炎といった可能性もあるので、まずはけいれん初期の状態を観察した上で、すぐに収まる気配がなければ救急車の要請を。

「子どもの総合医」に まずは診てもらおう

子どもが特にお世話になりやすい診療科は、小児科、耳鼻咽喉科、皮膚科など。中でも小児科は「子どもの総合医」で新生児から中学3年生（15歳）までが対象。少子化や激務などを背景に、近年、特に地方での小児科医の減少が懸念されている。

耳鼻科は中耳炎などで、皮膚科はアトピー性皮膚炎などでお世話になりやすい。ほかにも目の病気や視力の問題で眼科、けがで外科にかかることもある。一般的な病気の場合、まずは総合医の小児科に診ても

らおう。より高度な診察が必要なときは専門の診療科を紹介してくれる。

近年は医療の専門化や高度化が進み、診療科ごとの独自性が以前にも増して高まった一方、地域連携医療が図られている。歯科分野にも「小児歯科」があり、専門性を高めている。

自宅最寄りの小児科医院はもちろん、子どもの病気（特に持病や慢性疾患）に応じた診療科の医院がどこにあるのかなど、日頃から把握しておくことが大切だ。

「かかりつけ医」は大切 ぜひ見つけよう

子どもだけではなく、大人にもいえることだが「かかりつけ医」を見つけよう。特に子どもは、診察という折々のタイミングで、病気そのものはもちろん成長や発達、生活環境の変化も見渡してもらえる。

かかりつけ医は、子どもの体質や病歴などを把握しているので、継続的でより的確な診察が期待できる。子どもの場合、年齢や成長過程でかかりやすい病気があり、合併症や後遺症を引き起こすケースもある。

そんなとき、かかりつけ医が子どもの成長や発達、体質などを踏まえて全体を見渡せるのは、診察の幅が広がることを意味する。親にとっても気軽に相談できる、かかりつけ医がいるのは大きな安心につながる。

解決の道しるべ 一緒に探しましょう
キャプネット・みやぎ

子どもに対して、つい「いらいらしてしまう」「つらく当たってしまう」といった子育てに悩む親の相談に乗り、解決の道しるべを一緒に探す「子ども虐待防止ネットワーク・みやぎ（キャプネット・みやぎ）」（代表・村松敦子弁護士）は、1999年に結成された市民ボランティアによる非営利民間団体。活動の一つ、母親グループの取り組みについて、広報部長の東田美香さんに話を伺った。

母親グループの活動を説明する東田さん

キャプネット・みやぎは現在約40人のボランティアが在籍。じっくりと傾聴する電話相談に力を入れているほか、母親たちが集い、お互いの気持ちを吐露し合う場として、毎週木曜に仙台市中心部の会場で母親グループを行っている。

母親グループは2000年10月に始まった息の長い活動だ。まず、参加した母親に、安全な場所を提供する。この場合の「安全」とは、この場限りの話であり参加者は決して口外しないこと、否定も批判もされず安心して本音で語り合うという意味だ。

また、心理的なサポートを行うことで、虐待の背景にある母親の罪悪感や羞恥心を軽減させ、子どもとの間に心理的な距離を置けるようにすることも目的としている。東田さんは「母子一体で自分と子どもを同一視してしまい、境界線があいまいになる。これが悪く作用すると『なぜ自分の言うことを聞かないのだろう』と思い詰め『産まなければよかった』と極端な考えに陥る人もいる」と話す。虐待に関する正しい知識の提供も大切だ。

母親グループは約1時間半。数人が輪になって座り、順繰りに自分の話をする。ファシリテーターはいるが、あくまで進行役でカウンセリングなどはしない。「言いっ放し、聴きっ放し」で時が進む。

この席では「私は…」という自分を主語にした話し方に徹する。「うちの子どもが、夫が」ではなく、自分がどう思うのか、どうしたいのかが大切となる。参加者のお互いの呼び方も下の名前かニックネームのみだ。

「母親が自分の気持ちを吐露する機会は少ない。話しながら涙を流す人もいる」と東田さん。「ママ友との交流では表面的な良い話だけのケースが多いと思う。『○○ちゃんママ』と呼ばれ、気付かないうちに自身のアイデンティティーを見失なっている」

母親グループでの語りを重ねていくと、そもそも自身と親の関係に問題があったことに気付く人が多いという。自身が適切な子育てを受けておらず、生きづらさを感じていた人が、子どもと向き合うことで、ますますつらくなる場合が多い。しかしグループに参加し、さまざまな人の話を聞いているうちに「悩みを抱えているのは自分だけではない」と気付くそうだ。

2019年度に開催した設立20周年記念講演会の様子

母親グループは予約なしで参加できる。定期的に来る人もいれば、数年ぶりに参加する人もいるという。初回だけ事前にファシリテーターの面談がある。精神科通院者が参加を希望する場合は医師と相談の上で。生後6カ月から小学生までを対象に無料の託児も行っている。まずは電話で相談を。

2019年度「笑顔で働きたいママのフェスタ」にブース出展しキャプネット・みやぎの手芸サークルの作品を販売した

電話相談
普段の生活では相談しにくい子育ての悩みや不安、自分が虐待されているかもしれないと感じるお子さん、過去に虐待を受けたことで生きにくさを感じる人の話を親身に傾聴します。

TEL022-265-8866

LINE電話相談
※最初に相互の友達登録が必要

相談日時
月～土曜10:00～13:00
※祝日、お盆期間、年末年始は休み

～あなたの1本の電話で救われる子どもがいます～
「児童虐待かも…」と思ったら、すぐにお電話を

 189（いちはやく）
「だれか」じゃなくて
「あなた」から

●お住いの地域の児童相談所につながります。　●通告・相談は匿名で行う事も可能です。
●通告・相談をした人やその内容に関する秘密は守られます。　●子育てに関する相談は児童相談所相談専用ダイヤル（0120-189-783）でも受け付けています。

宮城県保健福祉部子ども・家庭支援課 TEL022-211-2531

仙台エリア

子育て行政サービス

ご近所で運動！ 仙台エリア編

スプリングバレー仙台泉スキー場

グリーンシーズンも スポーツアトラクション充実

エアウォーカーで綱渡り気分

冬季はスキーやそり、雪遊びが楽しめる「スプリングバレー仙台泉スキー場」、グリーンシーズンは「空の冒険王国」として営業。夏から秋にかけても存分に身体を動かせる。輪投げやフリースロー、PK、トランポリン、ミニボルダリングなど約20種類のアトラクションが楽しめるのが空の冒険王国。水に浮いたボートに乗り込む「アクアボート」も人気。施設内にレストランを併設している。

経験できる動き
 体のバランスを取る
 体を移動する
 用具などを操作する

DATA
仙台市泉区福岡字岳山14-2
問／TEL022-379-3755
開・休／施設により異なる
入園料／シーズンにより異なる

緑の中のトランポリンで高くジャンプ

水上で楽しむ「アクアボート」

木の室内創造あそび場 感性の森

5感で楽しむ 感性を育む、遊び場

子どもたちの感性を刺激する渡り橋や滑り台、ボルダリングなどの大型遊具、たくさんの積木や木製玩具に囲まれた屋内遊戯施設。0〜2歳が落ち着いて遊べる「ベビーゾーン」、迷路を探索したりあぜ道を登ったり滑ったりできる「フォレストゾーン」、約30万個の木玉で満たされた「レイクゾーン」など、広い室内で木の温もりに触れながら存分に体を動かせる。長く遊べる定番玩具を多数取りそろえた売店、おむつ交換室・授乳室も併設している。

木の温もりあふれる遊具で子どもたちの五感を刺激

経験できる動き
 体のバランスを取る
 体を移動する
 用具などを操作する

DATA
仙台市青葉区錦ケ丘1-3-1　錦ケ丘ヒルサイドモール2階
問／TEL022-399-6511
営／10:00〜18:00（最終入場17:00）　休／不定休
料金／30分：1歳未満300円、1歳〜小学生400円、大人500円
　　　（30分以降15分ごとに100円）
　　　「1DAY平日パスポート」1歳未満600円
　　　1歳〜小学生800円、大人1000円

体を動かしながら楽しく遊べる工夫がいっぱい

年齢に合わせて選べる専用ゾーンを用意

南小泉交通公園

本物そっくりの道路を再現

「自転車の練習をしたいけれど、実際の道路に出るのは不安」という親子連れに人気の屋外施設。自転車は持ち込みできないが、無料でレンタル可能。大小サイズや補助輪付きなどさまざまな自転車、足こぎゴーカートを用意している。踏切や信号機、横断歩道などを整備した練習コースで楽しみながら交通ルールが学習できる。2020年6月に新設された「ダブル滑り台」やアスレチック遊具、スプリング遊具のある広場を併設。

経験できる動き
  体のバランスを取る 体を移動する 用具などを操作する

DATA
仙台市若林区古城3-26-10
問／TEL022-285-4603
開／9:00～16:00
休／月曜(祝日の場合開園、翌火曜休み)、年末年始
入園料／無料

自分に合ったサイズの自転車をレンタルできる

遊具も充実

Trampo-Pit
トランポピット

大小さまざまなトランポリンをはじめ、ボルダリング、うんてい器具、つり輪などを備え、ジャンプしたりぶら下がったり、スポンジのピットプールにダイブしたりとさまざまな運動をしながら楽しく遊べる。小中学生は保護者同伴、宙返りは経験者のみ挑戦可。利用は登録制(登録無料)、トランポリンソックス(300円)着用必須。トランポリンやマット運動などを中心としたキッズ体操教室も幼児、小中学生の年齢別に開講している。

全身運動になり、体幹も鍛えられるのがトランポリンの魅力

経験できる動き
 体のバランスを取る 体を移動する 用具などを操作する

DATA
仙台市宮城野区中野3-1-18　問／TEL022-353-6768
営／平日14:00～20:00　土曜10:00～19:00
　　日曜・祝日10:00～18:00
休／年末年始など不定休　料金／30分800円から

ぶら下がったりジャンプしたり、楽しみながらトレーニング

体操専用の器具を使って存分に体を動かそう

仙台市

〒980-8671
仙台市青葉区国分町3-7-1
TEL022-261-1111
人　口／109万7554人
世帯数／53万15世帯
面　積／786.35平方㌔
（2021年11月1日現在）

【主な子育て関連部署】
●子供未来局総務課・子供家庭支援課・子供保健福祉課・児童クラブ事業推進課・運営支援課・環境整備課・認定給付課
TEL022-261-1111㈹
●子供未来局
子供相談支援センター
TEL022-214-8602
●子供未来局児童相談所
TEL022-219-5111

【夜間休日診療所】
●北部急患診療所
（内科、小児科、外科）
TEL022-301-6611
●夜間休日こども急病診療所
（小児科）
TEL022-247-7035
●泉地区休日診療所（休診中）
（内科、小児科）
TEL022-373-9197

【留意事項】
　新型コロナウイルスの感染拡大防止のため、一部閉館している施設や休止しているサービス、内容を変更している事業などがある。利用に当たっては各施設・事業の所管部署に事前に確認を。

相談窓口

●子育て何でも電話相談
　授乳、離乳食、身体の発達、しつけといった子育てに関する相談に電話で応じる。市内在住で0歳～小学校低学年の子どもをもつ保護者が対象。
相談時間／祝日、年末年始を除く月～金曜
8:30～17:00
窓口・問／子供未来局子供相談支援センター
TEL022-216-1152

●子育て何でも面接相談
　授乳、離乳食、身体の発達、しつけといった子育てに関する相談に面接で応じ、家庭での子育てを支援する。相談の内容により継続して対応するとともに、必要に応じて専門機関を紹介する。市内在住で0歳～小学校低学年の子どもをもつ保護者が対象。
相談時間／祝日、年末年始を除く月～金曜
8:30～18:00
窓口・問／子供未来局子供相談支援センター
TEL022-214-8602

●青少年面接相談
　学校生活、対人関係、精神的不安、不登校や引きこもりといった青少年自身や保護者の悩みに関する相談に面接で応じ、問題の整理や助言を行う。相談の内容により継続して対応するとともに、必要に応じて専門機関を紹介する。市内在住で小学校高学年～おおむね20歳までの青少年やその保護者が対象。
相談時間／祝日、年末年始を除く月～金曜
8:30～18:00
窓口・問／子供未来局子供相談支援センター
TEL022-214-8602

●子どもメール相談
　子育てに関する悩み、青少年の不安や悩み事について電子メールでの相談に応じる。市内在住の保護者、市内在住または市内の学校に通学している青少年と保護者が対象。
問／子供未来局子供相談支援センター
TEL022-214-8602

●親子こころの相談室
　市内に住む18歳未満の子どもと保護者を対象に、家庭や保育場面・学校での子どもの行動面の心配、育児の不安などについて児童心理司、保健師が相談を受ける。必要に応じて嘱託医による相談や医療機関等についての情報提供も行う。予約制で費用は無料。
面接時間／祝日、年末年始を除く月～金曜
8:30～17:00
予約・問／子供未来局児童相談所相談指導課親子こころの相談室
TEL022-219-5220

●子供家庭総合相談
　「子育てについて悩んでいる」「子どもの発育や発達について相談したい」「ひとり親家庭で困っている」「家庭内のことを誰に相談したらよいか分からない」など、子どもや家庭の保健と福祉に関しての相談に総合的に応じる。直接お住まいの区の区役所家庭健康課・青葉区宮城総合支所保健福祉課に来庁するか電話を。
相談時間／祝日、年末年始を除く月～金曜
8:30～17:00
実施場所・問／
青葉区役所家庭健康課 TEL022-225-7211
青葉区宮城総合支所保健福祉課
TEL022-392-2111
宮城野区役所家庭健康課
TEL022-291-2111
若林区役所家庭健康課 TEL022-282-1111
太白区役所家庭健康課 TEL022-247-1111
泉区役所家庭健康課 TEL022-372-3111

●発達相談
　発達について心配のある本人または家族の相談に応じる（要予約）。
相談時間／祝日、年末年始を除く月～金曜
8:30～17:00
窓口・問／仙台市北部発達相談支援センター
（青葉区・宮城野区・泉区在住の方）
TEL022-375-0110
仙台市南部発達相談支援センター
（若林区・太白区在住の方）
TEL022-247-3801

●不登校・引きこもり等
　引きこもり傾向のある子どもの家庭を訪問し興味関心に合わせた活動を行い、外に目が

せんだいみやぎ子ども・子育て相談

　「面談では相談しにくい」「友達や家族には相談できない」など、子育て・家庭・親子関係などの悩みを持つ方が気軽に相談できるよう、LINE（ライン）を活用した相談窓口を開設している。宮城県内在住の子どもおよびその保護者などが対象。
相談時間／月～土曜9:00～20:00（年末年始を除く）
登録方法／二次元コードをLINEアプリで読み取り「せんだいみやぎ子ども・子育て相談」を友だち追加してご利用ください

のびすく（子育てふれあいプラザ等）

　子育てを総合的に支援するため、市内各区に一つずつ設置している施設。各種支援に関する情報提供や子育て相談にも対応している。詳しくは29ページを参照。

のびすく

向けられるよう支援。保護者の相談にも応じる。

活動曜日・時間／
月～土曜10:00～17:00(火曜は午後のみ、水曜・第1金曜は午前のみ)

窓口・問／適応指導センター「児遊の杜」
TEL022-773-4150

●教育相談
　児童生徒の学校生活における悩みや保護者の養育上の悩み、特別支援教育や生徒指導上の諸問題についての相談に応じ、その解決・克服への援助を行う。来室または電話で相談を。

窓口・問／教育局教育相談室
TEL022-214-0002

●障害のある子どもに関しての
　就学・通級相談
　担当の指導主事が相談に応じる。

窓口・問／教育局特別支援教育課
TEL022-214-8879

●非行・性格行動に関しての相談
　児童生徒の非行・性格行動に関して担当の指導主事が相談に応じる。

窓口・問／教育局教育相談課
TEL022-214-8878

●養育・非行・性格行動・虐待に関する相談
　専門の相談員が対応。心理判定なども実施する。

窓口・問／子供未来局児童相談所
TEL022-718-2580
　児童相談所虐待対応ダイヤル
TEL189

●ヤングテレホン相談
　学校生活、対人関係、精神的不安、不登校や引きこもりといった青少年自身や保護者の悩みに関する相談に、24時間365日電話で応じる。市内在住で小学校高学年～おおむね20歳までの青少年やその保護者が対象。

相談時間／24時間365日

窓口・問／子供未来局子供相談支援センター
TEL0120-783-017

●「ふれあい広場」での居場所支援、
　就学・就労支援
　「学校に行けない」「学校に行っても安らげない」「日中の居場所がほしい」という青少年が、日常的に通所して活動できる居場所

として「ふれあい広場」を設置し支援を行う。また、高校での学び直しや就労への意欲が高まった通所者への就学・就労支援を行う。市内在住で小学校高学年～おおむね20歳までの青少年が対象。

活動曜日・時間／
祝日、年末年始を除く月～金曜9:30～16:00

窓口・問／子供未来局子供相談支援センター
TEL022-214-8602

●子どものこころの相談室
　各区保健福祉センターで開設している。市内在住の18歳未満の子どもと保護者を対象に、こころのケアについて、児童精神科医や臨床心理士などの専門スタッフが相談に応じる。事前予約制。

予約・問／青葉区役所家庭健康課
TEL022-225-7211
　青葉区宮城総合支所保健福祉課
TEL022-392-2111
　宮城野区役所家庭健康課
TEL022-291-2111
　若林区役所家庭健康課
TEL022-282-1111
　太白区役所家庭健康課

TEL022-247-1111
　太白区秋保総合支所保健福祉課
TEL022-399-2111
　泉区役所家庭健康課
TEL022-372-3111

●こころの相談
　年齢を問わず、こころの悩みについて相談担当職員(心理職、保健師、精神保健福祉士など)が相談に応じる。事前予約制。

窓口・問／精神保健福祉総合センター
　(はあとぽーと仙台)
TEL022-265-2191

●ひとり親の相談
　母子家庭・寡婦、父子家庭の方の生活全般の悩みなど、自立に向けた総合的な相談に応じる。

窓口・問／
仙台市母子家庭相談支援センター
TEL022-212-4322
祝日、休館日を除く火曜11:00～19:00、水～土曜9:00～17:00
仙台市父子家庭相談支援センター
TEL022-302-3663
祝日、年末年始を除く月～金曜18:00～20:00

子育て情報サイト「せんだいのびすくナビ」

仙台での子育てを応援する情報サイト。子育てに関するさまざまなサービス、施設情報、イベント情報などの行政情報のほか、子育て家庭に優しい取り組みを行う店舗や子どもの遊び場に関する情報も発信する。アプリ版では「カンタン母子手帳」として、お子さんの身長、体重はもちろん、写真などを記録することもできる。

 iOS版
 Android版
 ウェブ版

「子育てタウン」をダウンロードし、仙台市内の郵便番号を設定すると、アプリ版「せんだいのびすくナビ」として利用できる。

「のびすくナビ」で検索
https://sendai-city.mamafre.jp/

一時預かり

●保育所等の一時預かり

仕事、傷病、冠婚葬祭といった私的理由などにより保護者が一時的に子どもの保育ができないとき、また就労などにより月64時間以上子どもの保育ができないときに、市内の保育所などで子どもを預かる。市内に居住し、原則として保育所などの入所の対象とならない健康な就学前の子どもが利用できる。

利用定員／1日当たりおおむね10人程度
保護者負担費用／
3歳未満児…日額2400円（半日利用の場合1200円）、3歳以上児…1200円（半日利用の場合600円）
※生活保護世帯および市民税非課税世帯は無料
※保護者負担分のほかに給食などをとった場合は日額300円を別途負担する
保育時間／日曜、祝日、年末年始などを除く7:30ごろ～18:00ごろ（受け付けは8:30ごろ～17:00ごろ）
※時間は保育所などにより異なる。詳しくは各保育所などに確認を
問／子供未来局認定給付課
　　TEL022-214-8524

●保育所の休日保育

保護者が就労、傷病などにより、日曜、祝日などに保育を必要とするときに、保育所で子どもを預かる。日曜、祝日などに保育を必要とする健康な就学前の子どもが利用できる。

保護者負担費用／
3歳未満児…日額3200円（半日利用の場合は1600円）、3歳以上児…1600円（半日利用の場合は800円）
※生活保護世帯および市民税非課税世帯のほか、2号または3号の保育認定を受けて保育所などを利用しており、平日に別途その施設を休む日を設けた場合は無料
※保護者負担分のほかにおやつ代として日額200円程度を別途負担する
保育時間／7:00～18:00
問／子供未来局認定給付課
　　TEL022-214-8524

●子育て支援ショートステイ

病気やけが、家族の看護、冠婚葬祭、出張や超過勤務などで養育が一時的に困難になったとき、児童福祉施設で小学6年生までの子どもを預かる。（施設の状況により、お断りする場合あり）

利用期間／1回につき7日間まで、短期間に数回利用する場合は1カ月に10日以内
利用料金／1日当たり2歳未満児…5350円
　　　　　2歳以上児…2750円
※生活保護世帯・母子家庭・父子家庭・養育者家庭・市民税非課税世帯の方は利用料が軽減される
実施施設／乳児院（2歳未満）…宮城県済生会乳児院、丘の家乳幼児ホーム
　　　　　児童養護施設（2歳以上）…丘の家子どもホーム、ラ・サール・ホーム、仙台天使園、小百合園
問／青葉区役所家庭健康課
　　TEL022-225-7211
　　青葉区宮城総合支所保健福祉課
　　TEL022-392-2111
　　宮城野区役所家庭健康課
　　TEL022-291-2111
　　若林区役所家庭健康課
　　TEL022-282-1111
　　太白区役所家庭健康課
　　TEL022-247-1111
　　泉区役所家庭健康課
　　TEL022-372-3111

●病児・病後児保育

当面病状の急変が認められない病気、または病気の回復期にあり、集団保育が困難な場合で保護者の勤務の都合などのため家庭で育児を行うことが困難な子どもを日中預かる。

利用対象／市内在住で保育所や幼稚園などに通っている子どもや、おおむね生後6カ月から小学6年生までの子どもを養育している保護者
利用料金／1日当たり2000円（給食費、医療費、移送費など別途）
※生活保護受給世帯および市民税非課税世帯に属する子どもが利用する場合など申請に基づき、利用料金が減免される場合がある
申し込み方法など／実施施設に事前に登録

が必要。施設により休業日などが異なる。詳しくは実施施設に確認を
実施施設／てらさわ小児科（杉の子ルーム）
　　　　　仙台市青葉区中山2-26-20
　　　　　TEL022-303-1519
　　　　　宮城県済生会こどもクリニック
　　　　　（こどもケアルーム）
　　　　　仙台市宮城野区東仙台6-1-1
　　　　　TEL022-293-1285
　　　　　すずき整形外科・小児科内科
　　　　　仙台市太白区長町南3-35-1
　　　　　TEL022-248-1665
　　　　　こん小児科クリニック
　　　　　〈komorebi（こもれび）保育室〉
　　　　　仙台市泉区八乙女中央2-4-25
　　　　　TEL022-725-7566
　　　　　幼保連携型認定こども園
　　　　　仙台保育園病児・病後児保育室
　　　　　「ぱんだ」
　　　　　仙台市若林区南鍛冶町96-8
　　　　　TEL022-395-7201
　　　　　わくわくモリモリ保育所
　　　　　仙台市青葉区五橋1-6-2
　　　　　KJビル3階
　　　　　TEL022-797-3981
問／子供未来局子供家庭支援課
　　TEL022-214-8606

育児ヘルプサービス

出産後の体調不良などにより家事や育児が困難な家庭にヘルパーを派遣し、食事の準備や後片付け、住居などの掃除、生活必需品の買い物などの家事や授乳、おむつ交換、沐浴（もくよく）介助といった育児の支援を行う。

利用できる家庭／
市内在住で出産後や体調不良などのため、家事や育児が困難な家庭および小児慢性特定疾病の認定を受けている児童がいる家庭
利用できる期間（回数）／
出産後1年以内の期間で通常20回以内（多胎児の場合は30回以内）。小児慢性特定疾病の認定を受けている児童がいる家庭の場合、初回利用日から1年以内

のびすく（子育てふれあいプラザ等）

「のびすく仙台」「のびすく宮城野」「のびすく若林」「のびすく長町南」「のびすく泉中央」の5館において、子育てを総合的に支援している。

対象／主に乳幼児とその家族
（のびすく泉中央4階は中学生や高校生、子育て支援者向け施設）

利用できるサービス／

●ひろば…乳幼児親子の交流スペース。遊び場、飲食スペース、授乳室、情報コーナーなどを備え、絵本の読み聞かせ会やサロン、お誕生会、グループ相談などさまざまなイベントを開催。父親やプレパパママを対象としたイベントも行っている。

●一時預かり（有料）…通院や買い物、美容院、リフレッシュなど理由を問わず利用できる。生後6カ月～未就学児が対象。希望日の1カ月前から受け付ける（先着順）。空きがあれば当日でも利用可能。子ども1人当たり1時間600円（以後30分ごとに300円）。

●情報収集・提供…市内の幼稚園・保育園情報やイベント、子育て支援団体などのちらしを設置。毎月、のびすくのイベントなどを掲載した通信も発行している。

●子育て支援活動の連携・支援…子育て支援に関係する機関・団体と連携し、子育て支援者向けの研修や、ボランティア育成など、さまざまな取り組みを行っている。

のびすく仙台

CHECK

気軽にご相談ください♪

●のびすく子育てコーディネーター（NoKoCo）

のびすくには、子育て支援の豊富な知識と経験を持った専門の相談員「のびすく子育てコーディネーターNoKoCo（のここ）」を配置している。「子育てのいらいらを誰かに聞いてほしい」「産後が不安」「幼稚園や保育所の情報が知りたい」などの子育てに関する相談や情報提供、関係機関・事業とのつながりを支援。ひろばで子どもを遊ばせながらの相談もOK。相談は無料、相談内容について秘密は厳守する。

●のびすく仙台
仙台市青葉区中央2-10-24
仙台市ガス局ショールーム3階
開館時間／9:30～17:00
　　　　　（一時預かりは16:30まで）
休／月曜、祝日の翌日
　　（土・日曜、祝日は開館）、年末年始
TEL022-726-6181

●のびすく宮城野
仙台市宮城野区五輪2-12-70
宮城野区文化センター等複合施設1階
原町児童館内
開館時間／9:00～18:00
　　（土曜は17:00まで。一時預かりは平日17:30、

土曜16:30まで）
休／日曜、祝日、年末年始
TEL022-352-9813

●のびすく若林
仙台市若林区保春院前丁3-1
若林区中央市民センター別棟等
複合施設2階
開館時間／
9:00～17:00（一時預かりは16:30まで）
休／月曜、祝日の翌日
　　（土・日曜、祝日は開館）、年末年始
TEL022-282-1516

●のびすく長町南
仙台市太白区長町7-20-5

ララガーデン長町5階
開館時間／9:30～17:00
　　　　　（一時預かりは16:30まで）
休／月曜、祝日の翌日
　　（土・日曜、祝日は開館）、年末年始
TEL022-399-7705

●のびすく泉中央
仙台市泉区泉中央1-8-6
泉図書館・のびすく泉中央3・4階
開館時間／9:30～17:00
　　　　　（一時預かりは16:30まで）
休／月曜、祝日の翌日
　　（土・日曜、祝日は開館）、年末年始
TEL022-772-7341

利用できる時間（回数）／
年末年始を除く9:00〜18:00、1日1回まで。1回につき2時間まで（1時間単位）
利用料金／1時間当たり600円（所得の状況に応じて減額される）
問／青葉区役所家庭健康課
　　TEL022-225-7211
　　青葉区宮城総合支所保健福祉課
　　TEL022-392-2111
　　宮城野区役所家庭健康課
　　TEL022-291-2111
　　若林区役所家庭健康課
　　TEL022-282-1111
　　太白区役所家庭健康課
　　TEL022-247-1111
　　太白区秋保総合支所保健福祉課
　　TEL022-399-2111
　　泉区役所家庭健康課
　　TEL022-372-3111

産後ケア事業

　産後に心身の不調または育児不安があるなど、育児支援が必要な母子を対象に、心身のケアや育児のサポートなどを行い、産後も安心して子育てができる支援体制の確保を図る。
利用できる方／
利用時に市内に住所のある、次の①〜③全てに該当する生後4カ月未満の乳児と母親
①出産後、心身の不調や育児不安などがある
②家族などから家事や育児などの十分な支援が得られない
③母子ともに入院治療が必要と判断されていない
※子どもが早産で生まれた場合の利用可能期間は問い合わせを
サービスの内容・利用料金／
宿泊型…1日当たり5500円
　　　　（1泊2日は2日間と数える）
デイサービス型…1日当たり3200円
※いずれも所得の状況に応じて減額される
利用できる日数／
宿泊型、デイサービス型それぞれ最大7日まで
（多胎産婦の場合は、それぞれ最大10日まで）

※詳しくは、仙台市ウェブサイトで確認すること
問／青葉区役所家庭健康課
　　TEL022-225-7211
　　青葉区宮城総合支所保健福祉課
　　TEL022-392-2111
　　宮城野区役所家庭健康課
　　TEL022-291-2111
　　若林区役所家庭健康課
　　TEL022-282-1111
　　太白区役所家庭健康課
　　TEL022-247-1111
　　太白区秋保総合支所保健福祉課
　　TEL022-399-2111
　　泉区役所家庭健康課
　　TEL022-372-3111

仙台すくすくサポート事業

　仙台市が事務局（アドバイザー）として運営する、子どもを預かってほしい「利用会員」と子どもを預かることができる「協力会員」が互いに信頼関係を築きながら子どもを預け・預かる子育て支援活動。
　利用するためには会員登録（登録無料）が必要。
●会員になれる方
利用会員／
市内在住で、おおむね生後2カ月〜小学6年生の子どもがいる、入会説明会に参加した方
協力会員／
市内在住の20歳以上の心身ともに健康で、安全に子どもを預かることができる方。入会説明会への参加、事務局が主催する面接と協力会員講習会の受講も必要。
※有資格者（保育士、幼稚園教員、保健師、看護師など）でおおむね3年以内にその職に就いていた方は、協力会員講習会の受講を一部免除されることがある
両方会員／
「利用会員」と「協力会員」の両方を兼ねる方
問／仙台すくすくサポート事業事務局
　　TEL022-214-5001

助成・補助

●子ども医療費助成
　対象の子どもに対し、保険診療の自己負担額から利用者一部負担金を除いた分を助成する（一定以上の所得がある場合や、生活保護受給者を除く）。制度の利用には資格登録が必要。
助成対象／市内在住の中学3年生までの子ども
利用者一部負担額／
・通院の場合
　0歳〜未就学児（6歳到達年度末まで）…無料
　小学1年〜中学3年生…初診時500円、再診時無料
・入院の場合
　0歳〜未就学児（6歳到達年度末まで）…無料
　小学1年〜中学3年生…1回の入院につき10日目まで1日500円（11日目以降無料）
※入院中の食事にかかる負担金は助成対象外
問／青葉区役所保育給付課
　　TEL022-225-7211
　　青葉区宮城総合支所保健福祉課
　　TEL022-392-2111
　　宮城野区役所保育給付課
　　TEL022-291-2111
　　若林区役所保育給付課
　　TEL022-282-1111
　　太白区役所保育給付課
　　TEL022-247-1111
　　太白区秋保総合支所保健福祉課
　　TEL022-399-2111
　　泉区役所保育給付課
　　TEL022-372-3111
●定期予防接種の実施
　ヒブ（Hib）感染症、小児の肺炎球菌感染症、B型肝炎、ロタウイルス感染症、4種混合（ジフテリア・百日咳・破傷風・不活化ポリオ）、BCG、麻しん・風しん混合、水痘、日本脳炎、2種混合（ジフテリア・破傷風）などの予防接種を定められた時期に無料で実施する。定められた時期以外の接種は自己負担。申し込み時期や手続きはワクチンにより異なる。
問／健康福祉局感染症対策室
　　TEL022-214-8452

●風しん抗体検査
　風しんは、発熱や発疹などの症状が現れる。成人がかかると症状が重くなったり、妊婦がかかることで、胎内で感染して目や耳、心臓に障害のある子どもが生まれることがある。風しんから自身と周りの人を守るために、まずは抗体検査を受け、必要であれば予防接種の検討を。
対象／
①1962（昭和37）年4月2日から1979（昭和54）年4月1日までに生まれた男性のうち、次の要件を全て満たす方
・過去に風しんにかかった記録のない方
・過去に風しんの予防接種を受けた記録のない方
・2014（平成26）年4月1日以降に風しん抗体

検査を受けた結果の記録のない方
※その他、条件により検査を受けることができる場合がある。詳しくは問い合わせを
②次のいずれかに該当する方（過去に風しん抗体検査を受けた結果、十分な風しんの抗体があることが判明している方を除く）
・妊娠を希望する19歳から49歳までの女性
・「風しんの抗体価が低いことが判明している妊婦」の同居者
・「風しんの予防接種履歴があり、かつ、風しんの抗体価が低いことが判明している妊娠を希望する19歳から49歳までの女性」の同居者
内容／検査費用は無料。医療機関にて、採血による風しん抗体検査を実施し、結果は約1週間後にお知らせ

※①について、風しん抗体検査の結果が陰性の方については、無料で予防接種を受けることができる
問／健康福祉局感染症対策室
　　TEL022-214-8452
●おたふくかぜ予防接種費用の一部助成
　任意の予防接種である「おたふくかぜワクチン」の接種費用の一部を助成する。
自己負担額（登録医療機関で支払う金額）／
1～3歳未満（1歳の誕生日の前日から3歳の誕生日の前日まで）2500円
※生活保護世帯や市民税非課税世帯に属する方は無料
助成回数／1回
問／健康福祉局感染症対策室
　　TEL022-214-8452

児童館・児童センター

　遊びを通して子どもたちの健康を増進し、情操を豊かにすることを目的とした施設。子どもたちの自由な遊び場であり、乳幼児のいる親子の交流の場にもなっている。全ての児童館・児童センターで、小・中学生はもちろん、乳幼児連れの親子も利用可能であり、放課後児童クラブの場としても利用されている。2021年度現在、以下の10カ所の児童館・児童センターでは、乳幼児連れの親子が利用しやすいよう、専用のスペースを確保している。

住吉台児童センター

松陵児童センター

●台原児童館
　仙台市青葉区台原5-2-5
　TEL022-233-5420
●長町児童館
　仙台市太白区長町5-3-2
　TEL022-304-2743

●東四郎丸児童館
　仙台市太白区四郎丸字大宮26-10
　TEL022-242-2845
●松陵児童センター
　仙台市泉区松陵3-28-2
　TEL022-372-7907

●住吉台児童センター
　仙台市泉区住吉台西4-2-3
　TEL022-376-5969
●虹の丘児童センター
　仙台市泉区虹の丘1-9-5
　TEL022-373-3510
●吉成児童館
　仙台市青葉区国見ヶ丘2-2-1
　TEL022-279-2033

●小松島児童館
　仙台市青葉区小松島2-1-8
　TEL022-728-5682
●新田児童館
　仙台市宮城野区新田2-22-38
　TEL022-783-7848
●荒町児童館
　仙台市若林区荒町86-2
　TEL022-266-6023

●里帰り出産等に伴う定期予防接種の費用助成

定期予防接種実施日に仙台市に住民登録のある子どもを対象に、里帰り出産などで県外の医療機関で定期予防接種を実施した場合、その定期予防接種にかかった費用の一部を助成する。

対象／事前に定期予防接種実施依頼書の発行を受けた方

申請期限／定期予防接種実施日から1年間

問／健康福祉局感染症対策室
　　TEL022-214-8452

●里帰り出産等に伴う妊産婦健康診査の費用助成

健診受診日に仙台市に住民登録のある妊産婦を対象に、里帰り出産などで県外の病院や助産所など、委託機関以外で健診を受診した場合、その健診にかかった費用の一部を助成する。（産婦健診ではEPDS※をはじめとしたツールを用いた客観的なアセスメントの実施が必要）

対象となるもの／
公費負担と認められた健康診査項目にかかった費用

申請期限／里帰りで妊産婦健康診査を受けた年度の次年度末まで

＜対象とならないもの＞

1.日本国外での健診費用
2.保険適用診療分の費用
3.テキスト代や物品代など、定期の健診費用以外にかかる費用
4. 県内の医療機関で受診した健診費用
5.妊娠しているかどうか調べるための検査費用

※EPDS（エジンバラ産後うつ病質問票）による問診を医療機関で受け、産後のこころの不調を確認する

問／子供未来局子供保健福祉課
　　TEL022-214-8189

仙台市すこやか子育てプラン2020（2020〜24年度）

子育てに関する負担の増加やさまざまな保育サービスなどのニーズに対応していくため、「子どもたちがすこやかに育つまち 子育てのよろこびを実感できるまち 仙台」を基本理念として2020年3月に策定。プランに掲げる各種事業（380事業）の実施により、子どもの育ちと子育て家庭のための総合的な施策の推進に取り組んでいる。

基本的な視点

1.子どものすこやかな成長を支える取り組みの充実、子どもの安全・安心の確保
2.妊娠期から出産・子育て期にわたる切れ目のない支援の充実
3.地域社会全体で子どもの育ちと子育てを応援していく環境づくり

▲親子で楽しく交流（のびすく長町南）
◀パパ向けの行事も開催（のびすく宮城野）

絵本の読み聞かせを楽しむ親子（のびすく若林）

［仙台市すこやか子育てプラン2020］

計画の体系

主な取り組み（基本的な視点1）

子ども

(1) 生きる力をはぐくむ教育の充実
- ○幼児教育の充実
  幼稚園や保育所等における取り組みの推進など
- ○豊かな心・すこやかな体・確かな学力の育成
  道徳教育、命を大切にする教育等の推進、体力・運動能力向上の取り組みの充実、きめ細かな指導による学習意欲の向上など

(2) 子どもの可能性が広がる体験と活動の場、遊びの環境の充実
- ○社会体験、自然体験など多様な体験・学習機会の充実
  体験参加型の学びの場や読書環境の充実など
- ○遊びの環境の充実
  遊びの機会の確保、遊びの環境に関する調査・研究など
- ○スポーツ・文化に親しむ環境づくり
  スポーツ活動への参加の機会の拡大や芸術文化に親しむための環境づくりなど
- ○子ども・若者の居場所づくり、活動の場の充実
  放課後児童クラブの充実など

(3) 子どもたちが安心して成長できる環境づくり
- ○児童虐待防止対策の充実
  児童相談所の体制・機能の強化など
- ○いじめ防止等対策の総合的推進
  学校内の体制の強化や教職員の対応力向上、社会全体で子どもたちをいじめから守るという意識の向上を図るための広報啓発など
- ○安全・安心な環境の確保
  生活環境の安全確保、防犯対策、交通安全対策など

(4) 子ども・若者の自立等に向けた支援の充実
- ○不登校・ひきこもりへの支援の充実
  不登校児童生徒等への居場所づくり、相談支援体制の充実など
- ○社会性の向上や就労等に向けた支援の充実
  職業体験の機会の充実、就労支援の推進など
- ○代替養育を必要とする子どもへの支援の充実
  児童養護施設の小規模化・地域分散化、里親支援の充実など

主な取り組み（基本的な視点2）

子育て家庭

(1) 子どもがすこやかに生まれ育つための保健・医療の充実
- ○母子保健の充実
  妊産婦健康診査等や産後のサポート、子どもの発達に係る相談の充実など
- ○小児医療、学校保健の充実
  在宅当番医制の実施、学校における保健教育の充実など

(2) 子育て負担軽減と家庭の子育て力向上のための取り組み
- ○子育てに関する不安・負担の軽減
  相談機能の充実、地域における交流の場の充実など
- ○子育てに要する経済的負担の軽減
  健康診査にかかる費用、小・中学校の給食費や学用品費等の援助、子ども医療費助成の拡充など
- ○子育てに関する情報提供・相談支援の充実
  子ども・子育て家庭に対する総合的な支援体制の構築、育児に関する知識の習得・向上を図るための家庭教育の推進など

(3) 教育・保育基盤と幼児教育・保育サービス等の充実
- ○教育・保育基盤の整備
  保育所や小規模保育事業の整備、認定こども園の普及など
- ○多様な保育サービス等の充実
  延長保育や休日保育、病児・病後児保育等の充実など
- ○保育の質の確保・向上
  教育・保育従事者の人材の確保・育成、研修の充実など
- ○幼児教育の充実（再掲）

(4) 個別のニーズに応じた子ども・子育て家庭への支援の充実
- ○子どもの貧困対策の推進
  生活困窮世帯の子どもたちの居場所づくりなど
- ○ひとり親家庭等への支援の充実
  さまざまな困難を抱える家庭への支援の充実
- ○障害のある子どもなどへの支援の充実
  年齢や発達等に応じた相談支援の充実など

主な取り組み（基本的な視点3）

地域社会

(1) 身近な地域の子育て支援機能の充実
- ○多様な担い手による子育て支援ネットワークの強化
  地域における子育て支援団体の活動支援、子どもと子育て家庭に関わるさまざまな支援者同士の連携の強化など
- ○地域における児童虐待防止対策の充実（一部再掲）
  地域の関係機関や医療機関と連携した支援の充実など
- ○子どもの育ちと子育て家庭を支える人材の育成
  日常的に子どもと接する施設の職員の資質の向上など
- ○身近な地域の子育て支援施設等の充実
  のびすくや児童館のほか、幼稚園や保育所、認定こども園における子育て支援センター・支援室、学校等における相談機能の強化や交流の場・機会の充実など

(2) 仕事と子育ての両立支援の促進
- ○仕事と生活の調和（ワーク・ライフ・バランス）の実現に向けた家庭・企業等における取り組みの推進
  リーフレットによる啓発、企業等の子育て支援の取り組みの促進など
- ○女性の就労継続・再就職の支援促進
  講座の開催、女性の人材活用等に関する企業への働きかけなど
- ○男女がともに担う子育ての推進
  父親の子育て参加を促進するための講座等の企画や啓発など

(3) 地域をあげて子ども・子育てを応援していく機運の醸成
- ○子育てを応援していく全市的な機運の醸成
  子どもの権利の意識啓発、多様な主体間の連携の枠組みの構築など
- ○子育てを応援していく各種プロジェクトの展開
  情報発信の充実、子ども・子育てを応援していくプロジェクトの企画・実施など

問／子供未来局総務課　TEL022-214-8790

開放感いっぱい（のびすく泉中央）

仙台市ひとり親家庭等安心生活プラン（2020〜24年度）

ひとり親サポートブック「うぇるびぃ」

　ひとり親家庭などの生活の安定と向上のための施策を、総合的かつ計画的に進めるために策定。

　各区保健福祉センターや母子家庭相談支援センター、父子家庭相談支援センター、男女共同参画推進センターといった相談窓口の充実、「ひとり親サポートブック『うぇるびぃ』」の作成・配布、ウェブサイトによる情報発信をはじめ、相談・情報提供・支援の仕組みづくりを強化。

　また医療費助成、病児・病後児保育利用料金の減免、保育料の負担軽減、幼稚園就園奨励費補助、仙台市民間賃貸住宅入居支援といった経済的自立支援のほか、学習・生活サ

ポートや、ひとり親家庭の親や子どもを対象とした生活支援講習会、児童生徒就学援助費、生活福祉資金の貸し付けなどを通して子どもへの貧困の連鎖の防止に取り組む。さらに、ひとり親家庭などの日常生活支援、育児ヘルプ家庭訪問といった子育て支援・生活支援にも取り組んでいる。

　「うぇるびぃ」はひとり親の方に向けて相談機関や支援制度のことなどの情報を集めたひとり親サポートブック。「突然配偶者を失い、何をどうしたらいいのかわからない」「子どもの養育、教育のことで悩んでいる」「就職のため、技術を身に付けたい」「同じ境遇の方と知り合い、語り合いたい」など、さまざまな場面や状況に合わせた対処法やアドバイスを紹介している。

　冊子は区役所家庭健康課、総合支所保健福祉課、市役所本庁舎1階市民のへや、市役所本庁舎1階市政情報センターなどで配布している。
問／子供未来局子供家庭支援課
　　TEL022-214-8606

子育てサポートブック「たのしねっと」

子育てサポートブック「たのしねっと」

　出産や育児、各種相談窓口、幼稚園や保育所、児童館のことなど、子育てに関する情報を集めた冊子。母子健康手帳の交付時に配布するほか、市ウェブサイトでも閲覧するこ

とができる。
問／子供未来局子供保健福祉課
　　TEL022-214-8189

祖父母手帳 ーつなげよう・広げよう「孫育て」ー

「祖父母手帳」

　育児の方法や考え方が時代とともに変化する中、子育て中の父母世代と祖父母世代がお互いに育児への理解を深め、共に楽しく育児に向き合うきっかけとなるように2017年度から発行している。各区役所家庭健康課・総合支所保健福祉課のほか、各区ののびすくなどで入手できる。市ウェブサイトでも閲覧することができる。
問／子供未来局子供保健福祉課
　　TEL022-214-8189

どこでもパスポート

　入館の際に提示すると、仙台都市圏14市町村の小中学生は県内の一部を除く社会教育施設（都市圏以外の施設は利用可能期間あり）を無料で利用できる。在住または仙台都市圏の学校（私立、外国人学校を含む）に通っている小中学生が対象。パスポートは学校から配布される。
問／まちづくり政策局政策調整課
　　TEL022-214-0001

黒川エリア
子育て行政サービス

ご近所で運動！

黒川エリア編

※アイコンの説明
無料駐車場あり（ない場合グレー）
雨天利用可（不可、推奨しない場合グレー）

万葉クリエートパーク

幅広い世代が集まるSATO開発おおひら万葉パークゴルフ場

幅広い世代が楽しめる パークゴルフやアスレチック

「わんぱくランド」は約20種のアスレチック遊具が並ぶ人気スポット。人工芝の「子どもゲレンデ」と「幼児ゲレンデ」でそり滑りも楽しめ、そりは持参する他1日400円でレンタル可能だ。ファミリーコースなど全コース洋芝の6コース54ホールを備えた「SATO開発おおひら万葉パークゴルフ場」もあり、こちらも用具をレンタルできる。湿生植物が植栽された「四季彩苑」、家族や仲間と憩える「ピクニック広場」を併設。

▼▶「チューブスライダー」など20種ものアスレチックを使い、上ったり滑ったり隠れたりと多彩な遊びが楽しめる

経験できる動き
 体のバランスを取る
 体を移動する
 用具などを操作する

【DATA】
大衡村大衡字大日向地内
問／万葉まちづくりセンター　TEL022-347-2188
開／8:30～17:00
休／12月29日～1月4日（パークゴルフ場は水曜、水曜が祝日の場合は翌日）
料金／無料（パークゴルフ場は有料）

大亀山森林公園

難度さまざまなアスレチック バランス養えるそり遊びも

小さい子ども向けの「アスレチック広場」や「ローラー滑り台」の他、小学生以上を対象にした難度の高い「今泉の谷間越え」「明石台かけのぼり」「日吉台神社めぐり」といった富谷市の地名にちなんだ17基の木製アスレチック遊具が人気だ。そり遊び用の人工芝の「ちびっこゲレンデ」は低学年用と高学年用の2種類の滑走コースを整備。持参したそりを使って自由に滑走できる。無料でバーベキューが楽しめる「BBQ広場」の利用は要予約。

ロープにつかまって橋を渡る「今泉の谷間越え」

人工芝の「ちびっ子ゲレンデ」

ロープを伝って壁を上る「とちの木団地のぼり」

経験できる動き
 体のバランスを取る
 体を移動する
 用具などを操作する

【DATA】
富谷市大亀和合田二番13-1
問／大亀山森林公園管理事務所亀亀館　TEL022-348-5885
開／9:00～17:00
休／冬季（12～3月）
料金／無料

ベルサンピアみやぎ泉

親子連れでにぎわう
レジャープール

体の
バランスを
取る／体を
移動する／用具
などを
操作する／経験できる
動き

夏はレジャープールも
多彩なスポーツ施設

テニスコートや体育館、野球場といった多種多様な運動施設と宿泊施設、レストランを併設し、日帰りはもちろん泊まりがけでのスポーツやレジャーに幅広く利用できる複合施設。7月中旬から8月までは未就学児も利用できるレジャープールがオープン。流れるプールやウォータースライダーが楽しめる。冬はスケートリンクが親子連れに人気。大小の会議室も充実し、スポーツ少年団や部活動などの合宿に重宝されている。

広々とした敷地に多彩な
施設が集まる

【DATA】
大和町小野字前沢31-1
TEL022-346-2121
営／施設により異なる
休／無休
料金／施設により異なる

憧れの動きに挑戦
「パルクール」専用施設

「走る」「跳ぶ」「登る」といった移動動作で心身を鍛えるスポーツ「パルクール」専用の屋内練習施設。3歳以上から子どもも大人も利用可能。フィールド内には台や壁、バー、坂、マットなどが配置され、これらの障害物を上ったり飛び越えたりと全身をダイナミックに使いながら素早く移動していく楽しさを体感できる。3〜5歳を対象にした体験クラスや、マンツーマンでコーチしてもらえるコースなど年齢別に多彩なワークショップや個別指導も実施している。未就学児は保護者同伴。

指導を受けられる
ワークショップも

【DATA】
富谷市ひより台2-37　西友富谷店2階
TEL080-7216-1382
営／平日13:30〜22:00、土・日曜10:00〜18:30
休／月・火曜
料金／自由練習30分550円から

ジャンプ リープ
JUMP & LEAP

台や壁、バー、坂、マットなど障害物を上ったり駆け下りたりして体を鍛える

経験できる
動き

体の
バランスを
取る／体を
移動する／用具
などを
操作する

道の駅前の人気スポット
2022年春に新遊具が誕生予定

郷郷ランド公園
新複合遊具イメージ

CHECK!
ゴーゴー
郷郷ランド

道の駅おおさとの道向かいに設置され、町内外の親子連れに人気を集めていた遊具「ヤンチャ丸つねなが」の老朽化に伴い、新遊具の整備が進んでいる。大郷町ゆかりの偉人・支倉常長らを乗せた「サン・ファン・バウティスタ号」をイメージした新遊具はチューブ型の滑り台や登り棒、ボルダリングなどを集めた複合アスレチック。新遊具は2022年3月の完了を目指して整備が進められ、お披露目の式典で地元小中学生から募集した愛称も発表される予定だ。

経験できる
動き

体の
バランスを
取る／体を
移動する／用具
などを
操作する

【DATA】
大郷町中村地内
問／大郷町農政商工課
TEL022-359-5503
営／入場自由　休／無休　料金／無料

「住みたくなるまち日本一」を目指して

富谷市

〒981-3392
富谷市富谷坂松田30
TEL022-358-3111
人　口／5万2412人
世帯数／1万9887世帯
面　積／49.18平方㌔。
（2021年10月31日現在）

問／とみや子育て支援センター
TEL022-343-5528

富谷中央公民館「子育てサロン」

ゆったりした空間で、親子で遊んだり絵本を読んだり、ママ同士でおしゃべりしたりできる。「子育てがちょっと不安」「心配事を話したい」「ママ友をつくりたい」「転入したばかりでどこに遊びに行っていいか分からない」といった悩みのある人は親子で気軽に利用できる場所。スタッフと一緒に簡単な製作や遊びが楽しめる「あそびのひろば」、赤ちゃんと触れ合い遊びや親同士の交流ができる「あかちゃんひろば」、親子で楽しめる触れ合い遊び、ママのリフレッシュ、子育てに役立つ内容を紹介する「子育て講座」や絵本の読み聞かせ・手遊び・体操の時間などもある。
開／火～土曜9:00～15:00
利用料／無料
休／日・月曜、祝日、年末年始
問／子育てサロン TEL022-779-6981

【主な子育て関連部署】
●子育て支援課
　TEL022-358-0516
●とみや子育て支援センター
　TEL022-343-5528
●健康推進課
　TEL022-358-0512
●富谷小児童クラブ
　TEL022-346-6621
●富ケ丘小児童クラブ
　TEL022-342-0852
●東向陽台小児童クラブ
　TEL022-342-1807
●あけの平小児童クラブ
　TEL022-341-4280
●明石台小児童クラブ
　TEL022-343-6113
●日吉台小児童クラブ
　TEL022-341-2232
●成田東小児童クラブ
　TEL022-725-8460
●成田小児童クラブ
　TEL022-341-5208

とみや子育て支援センター

子育て期には新生児訪問、2カ月の赤ちゃんとママのおしゃべりサロン、乳幼児健康診査、月齢に合わせた離乳食教室、予防接種事業などのほか、発達相談やすくすく相談にてちょっとした心配事や育てにくさにも寄り添う支援を実施。

また、子育て支援事業として「とみここ通信」や子育て情報誌「はあと」を発行して子育て支援情報を発信、子育て講座の開催、月1、2回親子が集まって遊ぶ場「とみここ開放・あそびのひろば」を開き親子の交流支援も行っている。

とみや子育てファミリー・サポートセンター

子育てを地域で手伝い、支え合うための「子育ての支援を受けたい人（利用会員）」と「子育ての支援をしたい人（協力会員）」による会

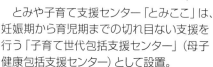
とみや子育て支援センター「とみここ」

とみや子育て支援センター「とみここ」は、妊娠期から育児期までの切れ目ない支援を行う「子育て世代包括支援センター」（母子健康包括支援センター）として設置。

主な業務として母子保健事業を基盤に、妊娠期には専門職による母子健康手帳交付、プレママ・プレパパ学級、プレママコールにて妊娠期・出産期・育児期を安全に安心して迎えられるよう包括的に切れ目ない支援を行っている。

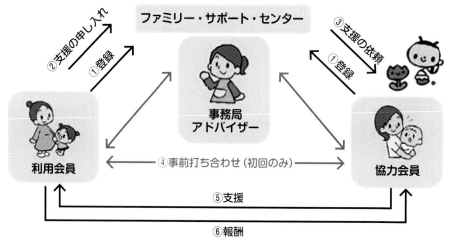
とみや子育てファミリー・サポートセンターの仕組み

西成田コミュニティセンター内にある「子育てサロン」は2022年1月4日に富谷中央公民館2階に移転予定

員組織。市から委託を受けたセンターがそれぞれの会員の橋渡しとコーディネートを行う。

●活動内容
・保育園や児童クラブ、習い事などの送迎
・仕事や通院などの際に子どもを預かるなど

●対象
利用会員／・市内に在住している人
　　　　　・生後2カ月～小学6年生の子どもの保護者

協力会員／・市内に在住する20歳以上の人
　　　　　・心身ともに健康な人
　　　　　・支援活動に理解がある人
　　　　　・協力会員は入会時に講習会を受講
　　　　　※性別・資格は問わない

両方会員／上記会員の両方を兼ねる人

●入会申請に必要なもの
・入会申込書（入会説明時に配布）
・写真2枚（縦3㌢×横2.5㌢）
※子どもではなく会員登録する人の写真
・印鑑

●利用料（子ども1人を預ける場合）
・月～金曜7:00～19:00 1時間600円
・平日、上記以外の時間
　1時間700円
・土・日曜、祝日、年末年始 1時間700円
※支援活動が行われた際、利用会員が協力会員に直接支払う
※送迎時の交通費、預かり時の食事代やおや

つ代などの実費は、別途利用会員の負担となる

問／とみや子育てファミリー・サポート・センター（富谷市社会福祉協議会内）
　　TEL022-358-3981

放課後児童クラブ

　昼間、保護者などが働いていて家庭にいない場合に市内の各児童クラブで小学1～6年生を預かる。児童支援員（保育士などの有資格者）が児童の安全確保と管理に努めながら、遊びや仲間づくりを支援する。

開／月～金曜 放課後～19:00
　　土曜、学校休業日 8:00～18:00
休／日曜、祝日、年末年始など
利用料／・月10日以上の場合1カ月3000円
　　　　・月10日未満の場合1カ月1500円
　　　　・長期休業のみ利用の場合年5000円
　　　　※多子軽減制度あり
　　　　※土曜延長利用の場合各1000円追加
※利用案内と申請書は勤務先の証明などとともに提出が必要

実施場所／富谷小、富ケ丘小、東向陽台小、あけの平小、日吉台小、成田小、成田東小、明石台小
問／子育て支援課 TEL022-358-0516

とみや育児ヘルプサービス

　出産後間もなく、何らかの事情で日中に家族の支援が受けられず、家事や育児が困難な家庭にヘルパーを派遣し、家事や育児の支援を行うサービス。

●対象／・市内に在住している人
　　　　・出産後1カ月以内の人
　　　　・日中家にいるのが子どもと母親のみで、家事をする人がいない家庭

●サービス内容／
・オムツ交換、授乳、沐（もく）浴の手伝いなど
・調理、洗濯、住居の掃除や整理整頓、生活必需品の買い出しなど

●申請から利用までの流れ
①申請書を提出する（出産予定日の2カ月前まで）
②事業委託先である富谷市社会福祉協議会とヘルパーが訪問し、利用内容について打ち合わせする
③出産後、子育て支援課に出産日、退院日を連絡（ヘルパー支援日程調整）
④利用開始

派遣回数／20回まで
利用時間／1日1回2時間以内
派遣日時／月～金曜9:00～17:00（祝日、年末年始を除く）
利用料／1時間当たり300円 ※サービス終了後にヘルパーへ直接支払う
問／子育て支援課 TEL022-358-0516

子ども医療費助成制度

　0～18歳年度末までの子どもの医療費を助成し、子育て世帯の経済的負担を軽減する。

助成内容／子どもの通院費・入院費を助成する。ただし、通院の場合3歳以上は初診料算定時に500円負担（再診時は一部負担なし）、入院の場合小学1年生以上は1日につき500円負担（同一入院につき限度額5000円）
問／子育て支援課 TEL022-358-0516

富谷市総合運動公園

「富谷スポーツセンター」「富谷武道館」「富谷市総合運動公園グランド」「富谷市総合運動公園テニスコート」「富谷市総合運動公園レクリエーション広場」「富谷市総合運動公園スポーツ交流館」があり、各種スポーツを楽しめる総合施設です。各施設、個人または団体で利用できます。
富谷市一ノ関嚅合山6-8
TEL022-358-5400 FAX022-358-9159

みんなで子育て

大和町

〒981-3680
大和町吉岡まほろば1-1-1
TEL022-345-1111
人　口／2万8252人
世帯数／1万2111世帯
面　積／225.49平方㌖。
（2021年9月30日現在）

支給要件（次の①～④全てを満たす方）／
①3人以上の子どもを監護していること
②町税に滞納がないこと
③町に定住する意思があること
④町に1年以上住所を有していること
問／町民生活課 TEL022-345-1117

【主な子育て関連部署】
●子育て支援課
　TEL022-345-7503
●健康支援課
　TEL022-345-4857
●町民生活課
　TEL022-345-1117
●生涯学習課
　TEL022-345-7508
●公民館（まほろばホール）
　TEL022-345-2414
　（TEL022-344-4401）
●吉岡児童館
　TEL022-345-4065
●宮床児童館
　TEL022-346-2059
●吉田児童館
　TEL022-345-3009
●鶴巣児童館
　TEL022-343-2138
●落合児童館
　TEL022-345-4058
●もみじケ丘児童館
　TEL022-358-0616
●杜の丘児童館
　TEL022-341-7156
●児童支援センター
　TEL022-344-7311

大和町児童支援センター

　子どもたちが安全に伸び伸びと遊べる場所を提供している。親同士で子育ての情報交換をしたり、子ども同士で遊んだり、さまざまな交流ができる。毎月、「おはなし会」や簡単な工作体験など、親子で楽しめる行事も開催

児童支援センター

している。
開／月～金曜、第3土曜9:00～17:00
利用料／無料
休／土曜（第3土曜は除く）、日曜、祝日、年末年始
問／児童支援センター TEL022-344-7311

大和町あんしん子育て 医療費助成

　0～18歳（18歳に達する日が属する年度の末日）の子どもが対象。ただし、生活保護を受けている世帯、18歳以下で結婚している人は除く。
助成内容／入院・通院ともに医療費が無料になる。ただし、加入している各健康保険から支給される高額療養費や付加給付、健康保険の適用外となるもの（健康診査、予防接種、入院時食事代、薬の容器代、差額室料など）は助成対象から除く。
問／子育て支援課 TEL022-345-7503

大和町第3子以降 育児応援祝金事業

　子どもの誕生や入学を祝福するとともに、健やかな成長と多子世帯の経済的負担の軽減、町への定住促進を図ることを目的として、3人目以降の子どもが生まれたときに10万円、小・中学校に入学したときに5万円（うち地元商品券2.5万円）を保護者に支給。

おはなし会

　親子で楽しめる会。絵本や紙芝居の読み聞かせ、手遊びなどを行う。予約不要。以下開設日については、変更となる場合がある。
●おはなしの森
開／第1土曜10:30～11:30
●もみじっ子
開／第3水曜10:30～11:30
会場／まほろばホール
問／公民館（まほろばホール内）
　　 TEL022-344-4401

大和町放課後子ども教室「わいわい」

　小学1～6年生が一緒に遊びやスポーツ、工作などの活動をする。また、地域住民がスタッフとなり、陶芸教室やグラウンドゴルフ交流会など、さまざまな催しを企画する。小野・吉田・落合・鶴巣・宮床の5地区で開催していて、活動日や活動内容は地区ごとに異なる。参加無料。
問／生涯学習課 TEL022-345-7508

大和町高等学校等 通学応援事業

　公共交通機関の利用促進と子育て支援の充実を図るため、町内に住所を有し、自宅から高校などへの通学手段として、公共交通機関（スクールバスの利用も含む）などの定期券を購入している生徒の保護者を応援。
助成内容／定期券などの購入金額のうち1カ月当たり1万円を超えた額の半額（月額上限1万円）を補助。
※100円未満は切り捨て
問／まちづくり政策課 TEL022-345-1115

移住定住・子育てファーストクラスのまちづくり

大 郷 町

〒981-3592
大郷町粕川字西長崎5-8
TEL022-359-3111
人　口　7857人
世帯数　2859世帯
面　積　82.01平方㎞。
（2021年10月31日現在）

【主な子育て関連部署】
●町民課
　TEL022-359-5504
●町民課こども健康室
　TEL022-359-3030
●すくすくゆめの郷こども園
　TEL022-359-5655
●子育て支援センター
　TEL022-359-5755
●児童館
　TEL022-359-2167

町民課こども健康室

　妊娠期から子育て期のさまざまな疑問・相談に対応する総合窓口を町保健センター内へ設置。町保健師らが随時相談を受け付けている。
●乳幼児健康診査
　医療機関で受診する2カ月児健診、8〜9カ月児健診の費用を助成する。また、町の保健センターで乳児健診（3〜4カ月）、1歳6カ月児健診、2歳児健診、3歳児健診を実施している。保健師や栄養士、歯科衛生士による育児・栄養の相談を受け付けている。
●ぱくもぐ☆歯ピカピカ教室
　離乳食と歯みがきの講話や相談を行っている。
●おやこのへや
　育児相談、身体測定、親子遊びや、他の親子と交流ができる。
●のびのび相談
　保護者の希望があり、保健師が必要と判断した場合、臨床心理士が精神発達に心配がある子どもとその親の相談を受け付ける。
問／町民課こども健康室
　　TEL022-359-3030

大郷町子育て支援センター

　地域全体で子育てを支援する基盤を形成し、子育て家庭に対する育児支援の各種事業を実施するため、「すくすくゆめの郷こども園」に設置。未就学児とその保護を対象に、季節の行事や親子で参加するイベント、年齢別の育児サークル活動などを実施している。利用無料。
開／月〜金曜10：00〜11：30、13：00〜16：30
休／土・日曜、祝日、12月29日〜1月3日
●おしゃべりマミィ
開／月1回10：00〜11：30
●遊びの会
開／年12回10：00〜11：30
●育児サークル
開／月2回10：00〜11：30
対象／リトルアップル（0歳児）、ビックアップル（1歳児、2歳児）
問／子育て支援センター
　　TEL022-359-5755

出産祝金と
乳幼児育児用品の支給

●出産祝金
　未来を担う子どもの誕生を祝福し、子どもの健全な育成と子育て世代の定住促進を図るため、第1子出生時に1万円、第2子2万円、第3子3万円、第4子以降5万円を保護者に支給する。
●乳幼児育児用品
　出生月の翌月から満1歳の誕生月まで、毎月3000円の育児用品引換券を交付する。
問／町民課こども健康室
　　TEL022-359-3030

すこやか子育て医療費助成

　0〜18歳（18歳に達する日が属する年度の末日）の子どもが対象。入院・通院ともに医療費が無料になる。ただし、加入している各健康保険から支給される高額医療費や付加給付、健康保険の適用外となるもの（健康診査、予防接種、入院時食事代、薬の容器代、差額室料など）は助成対象から除く。
問／町民課 TEL022-359-5504

大郷町児童館

　子どもと子どもに関わる全ての方のための施設。バリアフリー仕様の館内には小体育ホール、図書室、乳児室、館庭には砂場、すべり台付き遊具があるほかシロツメクサなどが茂り、昆虫やカナヘビなどの自然いっぱいの原っぱもある。乳幼児や小学生を対象とした定期行事、雀踊りや羽生田植踊りも実施中。

手作り水鉄砲

開／月〜土曜9：00〜18：00
　　（小学生は17：00まで）
休／日曜、祝日、12月29日〜1月3日、その他臨時休業あり
●おおさと放課後児童クラブ
　大郷町児童館内に併設されている公設民営の学童保育サービス。放課後や学校休業日に就労などの理由で保護者や家族が自宅に不在となる小学生が利用できる。要事前申請。利用児童、保護者のための各種イベントも不定期開催。

お化け屋敷実行委員

開／登校日 下校〜18：00（延長19：00まで）
　　学校休業日8：30〜18：00（朝延長7：00〜8：30、夜延長18：00〜19：00）
　　土曜 8：30〜18：00（朝延長7：00〜8：30、夜延長なし）
休／児童館に準じる
問／児童館 TEL022-359-2167

大衡村

みんなで創る新たな万葉の里

〒981-3692
大衡村大衡字平林62
TEL022-345-5111
人　口／5804人
世帯数／2109世帯
面　積／60.32平方㌖
（2021年9月30日現在）

おひさまくらぶの様子

【主な子育て関連部署】
- 住民生活課
  TEL022-341-8512
- 健康福祉課
  TEL022-345-0253
- おおひら万葉こども園
  TEL022-344-3028
- ききょう平保育園
  TEL022-797-8370
- 大衡児童館
  TEL022-345-4626

子育て世代包括支援センター

保健師や栄養士などの専門スタッフが、子育てに関するさまざまな相談に応じ、サポートする。
対象／妊娠期〜子育て期の人とその家族
開／8:30〜17:15
　　（相談受け付けは16:00まで）
問／子育て世代包括支援センター
　　（福祉センター内）
　　TEL022-345-0253

ベビーのゆったりタイム

保護者同士で話したり子どもに絵本を読んだり自由に過ごせる。バスタオルなど必要な物は持参を。申し込み不要。
実施場所／大衡村福祉センター
実施日時／第3月曜10:00〜11:30
対象／0歳児
問／健康福祉課
　　TEL022-345-0253

子育て支援拠点事業

●おひさまくらぶ
未就園児とその家族を対象に、「おおひら万葉こども園」の児童と一緒に遊んだり、行事に参加したりと親子で楽しめる活動を行っている。月〜金曜9:00〜17:00は自由に来園できる。
体験活動
開／月数回、おおむね水曜10:00〜11:30
費用／無料
問／おおひら万葉こども園
　　TEL022-344-3028

一時預かり事業

家族の急病や看病介護、冠婚葬祭、育児疲れなどの解消などの理由で一時的に子どもを預けられるサービス。
利用施設／おおひら万葉こども園
利用時間／8:30〜17:30（土・日曜、祝日、年末年始を除く）
利用料／2歳以下一日利用2200円、半日利用1100円、3歳以上一日利用1200円、半日利用700円※一日利用の場合給食費として別途300円かかる
問／おおひら万葉こども園
　　TEL022-344-3028

子育てふれあい広場

児童館では、未就学児の親子の遊び場として開放しており、広いスペースでのびのび遊んだりおしゃべりを楽しんだり自由に過ごせる。

利用施設／大衡児童館
利用日時／火・木曜（小学校長期休業日にあたる日・祝日、年末年始は除く）
　　10:00〜11:30
問／大衡児童館 TEL022-345-4626

万葉のびのび子育て支援事業

●子育て支援券
子育て家庭の負担軽減と健やかな出産・育児の支援を目的に、村在住の妊婦を対象に「万葉のびのび子育て支援券（5万円分）」を交付している。子育て支援券はタクシー乗車や紙おむつ・粉ミルク購入の際に使える。
●祝金
子育て世帯の経済的支援および定住促進を目的に、出産祝金ならびに小中学校入学の入学祝金を支給する。1人当たり出産祝金は5万円、入学祝金は3万円を支給。
問／健康福祉課 TEL022-345-0253

チャイルドシート貸出事業

大衡村に住所がある方を対象に無料で貸し出す。
貸出場所／大衡村健康福祉センター
　　（健康福祉課）
貸出物／乳幼児用（新生児〜4歳未満対応型）、学童用（4歳〜6歳未満）
貸出期間／貸出した日から1年間（継続利用の場合、再度貸出申請が必要）
問／大衡村健康福祉センター
　　（健康福祉課内）
　　TEL022-345-0253

仙塩エリア

子育て行政サービス

ご近所で運動！ 仙塩エリア編

※アイコンの説明

無料駐車場あり（ない場合グレー）

雨天利用可（不可、推奨しない）場合グレー

VS PARK イオンモール新利府 南館店
（ブイエス パーク）

「ディスクターゲット」など世代を超えて楽しめる体験が大集合

東北初登場、「VS PARK」最大規模のバラエティスポーツ施設。テレビのバラエティ番組に参加しているような体験を家族、友人と楽しめる。全部で31種類のアクティビティが大集結。猛獣と超短距離走で対決する「ニゲキル」や、高さ約7.5メートルの大型スクリーンで楽しむ「ドロップシーソー Lサイズ」、ニンジャを疑似体験する「空中ニンジャ」など多彩にそろえ、親子で存分に汗をかくことができる。利用は小学生以上（未就学児は保護者同伴で入場可、体験は不可）、アクティビティによって身長、体重に条件がある。

 体のバランスを取る
 体を移動する
 用具などを操作する
経験できる動き

新感覚バラエティスポーツ施設

楽しみながら体を動かせる

【DATA】
利府町新中道3-1-1 イオンモール新利府 南館 3階
問／TEL022-369-3218
開／10:00〜21:00（最終受付20:30）
休／イオンモール新利府に準じる（年末年始は要確認）
入園料／120分一般2800円、大学・専門学生2400円
　　　　中学・高校生2000円、小学生1900円
※平日10:00〜14:00、16:00〜21:00、土・日曜、
　祝日17:00〜21:00にお得な「フリータイム」あり

ボタン連打でネットを動かす「パニックピンポン」は自分の陣地が狭くなるほど有利になるゲーム

坂を登って頂上のボタンを押し、滑り台を下ろして滑る「UP&DOWN」

宮城県県民の森・青少年の森

大迫力の大型滑り台 アスレチックが大人気

利府、富谷、仙台の2市1町にまたがる緑豊かな広大な森林。自然の起伏を生かし設置された大型滑り台をはじめ、延長2キロのフィールドアスレチック26基が子どもたちに大人気。10キロのオリエンテーリングコース、遊歩道22路線も整備され、芝生広場でのピクニックも楽しい。ボール広場や森林の働きや林業の歴史をパネルや模型で解説する「もりの学び舎」、学習館、野外音楽堂を併設。動植物の観察会など親子で自然に親しめる多彩なイベントも開催されている。

多くの子どもたちに愛されるフィールドアスレチック

木立の中を爽快に滑り抜ける大型滑り台

中央記念館にはパネル・模型などを展示

経験できる動き
 体のバランスを取る
 体を移動する
 用具などを操作する

【DATA】
利府町神谷沢字菅野沢41
問／県民の森中央記念館TEL022-255-8801
　　青少年の森管理事務所TEL022-255-7084
開／9:00〜16:30（11〜3月は16:00まで）
休／12月29日〜1月3日　入園料／無料

グランディ・21 宮城県総合運動公園

滑り台など多彩な遊具 キッズスポーツ教室も

遊具広場を象徴する「げん木の塔」

東北最大規模のスタジアムや総合体育館、屋内温水プール、テニスコート、リフレッシュプラザ（合宿所）、サッカー場などが集まる総合スポーツ施設。無料開放など多彩なイベントの他、スイミングやチアダンス、体操、テニスといったキッズスポーツ教室が開かれている。子ども連れにはローラー滑り台をはじめ多彩な遊具がそろう「遊具広場」や「集いの広場」「芝生広場」も人気。

CHECK!
サブアリーナに未就学児専用の遊具がそろう屋内プレイルームもある。プレイルーム開設は9:00〜17:00（2021年12月現在休止中）。

経験できる動き

DATA
利府町菅谷字舘40-1
TEL022-356-1122（遊具広場はTEL022-767-3621）
開／遊具広場（第1駐車場）8:00〜18:00
　　※施設によって異なる
休／施設によって異なる
利用料／施設によって異なる
　　（遊具広場は無料）

松島町運動公園温水プール

幼児用プールを併設

冬も伸び伸びスイミング キッズスクールも開設

松島運動公園内にある温水プール。水深55㌢の幼児用プールの他、6コースの25㍍プールと歩行プール、トレーニングルーム、シルバートレーニングルームなどを備え幅広い世代が利用できる。幼児の利用はおむつが取れてから、水着を着用した18歳以上の大人の同伴が必要（小・中学生は18:00以降保護者同伴）。トレーニングルームの利用は高校生以上が対象。子ども向けのスイミングスクール、鉄棒や跳び箱、マット運動などを楽しむ「体育スクール」もある。

経験できる動き

駐車場も完備

DATA
松島町高城字動伝一34-1　TEL022-353-8525
開／10:00〜21:00（7・8月は9:00から）
休／月曜（祝日は翌日）、年末年始
入園料／小学生〜高校生200円、18〜64歳500円
　　65歳以上300円、幼児無料

長須賀多目的広場 （愛称：ながすか多目的広場）

大型複合遊具のある新しい広場

菖蒲田海水浴場近くに 新しい広場が登場

東日本大震災からの復興事業として、2021年7月オープン。大きな滑り台を中心とする大型複合遊具のある「ちびっこひろば」と「芝生広場」「ハナモモ広場」を備え、ジョギングやウオーキングにぴったりな全長1200㍍の遊歩道を整備。シロナガスクジラをイメージした長さ26㍍の管理棟がシンボルとなっている。スケートボードやラジコン、花火などの利用は禁止。

経験できる動き

CHECK!
菖蒲田海水浴場のすぐ近くにあり350台以上の駐車スペースがあるため、海水浴と併せて立ち寄るにも便利だ。

DATA
七ヶ浜町花渕浜字長須賀地内
問／七ヶ浜町建設課TEL022-357-7441
開／入場自由　休／無休　入園料／無料

生命の誕生と子育ての感動を分かちあい、
子どもたち一人ひとりが光り輝くまち しおがま

塩竈市

〒985-8501
塩竈市旭町1-1
TEL022-364-1111
人　口／5万3104人
世帯数／2万3886世帯
面　積／17.37平方㎞。
（2021年10月31日現在）

利用料／無料
問／つどいの広場
　TEL070-6494-3906
　（開館時間中のみ）

【主な子育て関連部署】
● 子育て支援課
　TEL022-353-7797
● 塩竈市子育て支援センター
　TEL022-363-3630
● 塩竈市子育て世代
　包括支援センター
　TEL022-354-1225

ファミリー・サポート事業

　「子育ての手伝いをしてほしい人（利用会員）」と「手伝える人（協力会員）」が会員登録し、子育てを援助する。市はその事務局として、会員の登録や紹介などを行う。
対象／● 利用会員…市内に在住または勤務している人で、おおむね生後3カ月～小学6年生の子どもがいる人
● 協力会員…市内に在住し、援助活動に理解と熱意のある20歳以上の人。登録後、講習会を受ける必要がある
● 両方会員…利用・協力会員を兼ねる人
報酬／利用会員は、1回の援助活動ごとに協力会員に直接報酬を支払う
● 月～金曜7:00～19:00
　最初の1時間600円以降30分ごとに300円
● 土・日曜、祝日、年末年始、上記の時間外
　最初の1時間700円以降30分ごとに350円
申し込み方法／事務局に申し込む
問／事務局（塩竈市子育て支援センター内）
　TEL022-363-3631

育児サークル支援・育成

　活動のアドバイスや遊びの紹介など、市内で自主的に活動している育児サークルを支援する。わらべうたを中心とした「ぺんたとん」が活動している。支援センター主催の育児サークル「いちごくらぶ」（4月募集）もある。
問／塩竈市子育て支援センター
　TEL022-363-3630

つどいの広場

　市営梅の宮住宅集会所を利用した、子育て中の親子が交流できるスポット。アドバイザーへの子育てに関する悩み相談や、子育てに役立つ地域情報の収集などができる。
　水曜午前（10:00～11:45）は0歳児のみ利用できる「ベビーちゃんの日」。1歳以上の子どもを連れての来館は、月・金曜が可能。11:45～12:30はランチタイムとして、手作り弁当持参を。
　駐車スペースが少ないため、徒歩または公共交通機関を利用して来館を。
対象／未就学児とその保護者
開館日時／月・水・金曜（祝日、年末年始、第3水曜の午後を除く）10:00～13:00

一時預かり事業

　入院や家族の介護、繁忙期の就労や研修、学校行事があるとき、また育児疲れでリフレッシュしたいときなどに、一時的に保育所へ子どもを預けられる。
対象／1歳～就学前で幼稚園などに在籍していない子ども
利用例／● 緊急のとき（1事由で2週間以内）
　…入院、通院、出産、看護、介護、冠婚葬祭、試験など
● 私的事由のとき（1カ月7日以内）
　…リフレッシュ、ボランティア活動、学校行事など
● 就労のとき（1カ月64時間未満、6カ月以内）…パート・自営業の繁忙期、就労を目的とした研修時など
実施施設／うみまち保育所（公立）
開／月～土曜8:30～17:00
利用料／1日1700円、半日1000円
　※1日利用の場合は弁当持参
時間外利用／月～金曜8:00～8:30、17:00～18:00
※料金は30分ごとに100円加算
休／日曜、祝日、12月29日～1月3日
※私立ではあゆみ保育園（TEL022-365-4572）、わだつみ保育園（TEL022-369-3462）で実施。詳細は直接問い合わせを
申し込み方法／
直接保育所（うみまち保育所、あゆみ保育園、わだつみ保育園）に連絡し、事前に面接を受ける
問／子育て支援課 TEL022-353-7797

子育て支援課「ファミリーダイヤル」

　子育てでつらいとき、困っていることなどがあれば、不安な気持ちを一人で抱え込まず

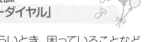

相談を。直通の専用ダイヤルで相談員が対応する。
専用ダイヤル／TEL022-364-1178

相談受付時間／月～金曜8:30～17:15
利用例／子育てや家庭内の悩み、DV、児童虐待等の心配・不安など

問／子育て支援課 TEL022-353-7797

子育て世代包括支援センター「にこさぽ」

妊娠・出産・子育てのワンストップ相談窓口。子育て支援センター「ここるん」とともに、笑顔の子育てを応援する。誰でも気軽に相談できる。
塩竈市本町1-1 壱番館1階(旧ここるん跡地)
スタッフ／保健師・助産師・栄養士・子育てコンシェルジュ(保育士)
業務内容／母子健康手帳交付・妊産婦健康診査助成・特定不妊治療費助成・パパ&ママクラスⅠ、Ⅱ・助産師Happyコール・助産師Happy相談・新生児訪問・育児相談会・離乳食相談・乳幼児健康診査、健康相談・未熟児養育医療給付・各種相談(発達・ことば・こころ)など
開／月～金曜8:30～17:15
休／土・日曜、祝日、年末年始
駐車場／塩竈中央公共駐車場(3時間まで無料)
TEL022-354-1225(いち・にの・にこさぽ!)
Eメールnikosapo@city.shiogama.miyagi.jp

●助産師Happy相談(要予約)
　赤ちゃんの身長や体重測定、育児や食事、母乳などについて相談できる。電話・来所・訪問など、一人一人に合った方法を選べる。
●パパ&ママクラスⅠ・Ⅱ(要予約)
　赤ちゃんのお世話の仕方や出産準備、母親の産前産後の心身の変化や父親の役割などを伝える。一人での参加も大歓迎。
内容／Ⅰ：育児体験・産後クライシス予防他
　　　Ⅱ：授乳の仕方・おっぱいケア・赤ちゃんの寝床の作り方他(妊娠28週以降がお薦め)
●産婦健康診査
　産後の母親の心身のことや授乳・育児の状況を確認する健診の費用を助成する。宮城県内の指定医療機関で受けることができる。

回数・助成額／
2回(おおむね産後2週間と産後1カ月)、1回につき上限5000円※助成券は母子健康手帳別冊に綴じ込み
●しおがますくすくアプリby母子モ
　自分のスマートフォンで妊婦健診や乳幼児健診などの記録、予防接種を簡単に管理できる。プッシュ通知により、便利に市の子育て情報をタイムリーに受け取ることができる。
対象／主に妊娠期～子育て期(0歳～3・4歳の方)
費用／無料
内容／子育て情報(健診・イベント)配信、予防接種の予定管理、子どもの成長記録、家族共有　等

母子モ

子育て支援センター

親子が気軽に遊べる場、子育て仲間との出会いの場として自由開放しながら、月に一度「あそびの広場」の開催や育児サークルの支援などを実施する。現在市内では、民間の保育所を含め2カ所で開設している。

■塩竈市子育て支援センター「ここるん」
塩竈市海岸通1-15
もてなし舎2階(うみまち保育所隣り)
業務内容／●気軽なあそび場としての自由開放
　　　　　●育児相談(子育てコンシェルジュ)
　　　　　●子育てに関する情報の発信と提供
　　　　　●出張ここるんの開催
　　　　　●育児サークルの育成・支援
　　　　　●ファミリー・サポート事業の実施
　　　　　●つどいの広場事業の実施
開／9:30～12:30、13:30～16:00
　　(11:45～12:30ランチタイムで食事が可能)
休／木曜、祝日、年末年始
駐車場／塩竈中央公共駐車場
　　　　(3時間まで無料)
TEL022-363-3630
■あゆみ保育園子育て支援センター
塩竈市花立町1-16
業務内容／●気軽なあそび場としての自由開放
　　　　　●育児相談
　　　　　●子育てに関する情報の発信と提供
TEL022-365-4572

未来を育むまち 史都 多賀城 支えあい・学びあい・育ちあい あなたの笑顔が多賀城をすてきにする

多賀城市

〒985-8531
多賀城市中央2-1-1
TEL022-368-1141
人　口／6万2164人
世帯数／2万7640世帯
面　積／19.69平方㌔。
（2021年9月30日現在）

【主な子育て関連部署】
● 子育て支援課・健康課・保育課・国保年金課
　TEL022-368-1141
● すくっぴーひろば
　TEL022-355-7085

子育て世代包括支援センター

　健康課とすくっぴーひろばが窓口。子育てに関することは何でも相談できる。
＜支援の大きな三つの柱＞
①それぞれの特色を生かした二つの相談機能
● すくっぴーひろばでは、子育てコンシェルジュなどの子育て応援スタッフが相談を受け付ける（水曜、祝日の翌日、年末年始を除く9:00～16:30）
● 健康課では、保健師、助産師、栄養士、歯科衛生士などの専門スタッフが相談を受け付ける（土・日曜、祝日、年末年始を除く8:30～17:15）

親子で利用できる個室の相談室。安心して相談できる環境となっている

②気軽に相談できる「ほっとライン」
　健康課の保健師や助産師が、電話やメールでも相談を受け付ける。
● 直通専用電話 TEL022-368-1021
　（平日9:00～16:00）
● 24時間受け付けのメール

多賀城市ホームページより「ほっとライン」で検索

[　多賀城市ほっとライン　🔍　]

③四つのオリジナル冊子を配布
　妊娠期から出産、子育てに役立つ情報や記録をまとめた冊子を配布する。
● 妊娠期から新生児期までの情報をまとめた「はぐはぐ」
● 施設や支援制度が掲載されている「子育てガイドブック」
● 育児に関するヒントや情報が満載の「すくすく」
● 日々の成長記録や健診で活用できる「すこやかファイル」
問／健康課
　　TEL022-368-1141
　　すくっぴーひろば
　　TEL022-355-7085

多賀城市子育てサポートセンター「すくっぴーひろば」

　JR仙石線多賀城駅前にある、乳幼児とその家族のための子育て支援施設。託児室や研修室、クッキングスタジオ、赤ちゃんひろば、こどもひろばなどがあり、親子で楽しめる催しを随時開催。市内の子育てに関する情報を提供するほか、ひろばにはスタッフが常駐し、育児相談やママ友づくりの支援を行っている。登録後、利用できる。

スタッフの支援が充実しているため、父子のみでも安心して利用できる

対象／乳幼児とその保護者
　※乳幼児の安全確保のため、小中学生は入場できない
開／9:00～16:30
休／水曜、祝日の翌日、年末年始（12月28日～1月4日）
登録料／● 多賀城市民……無料
　　　　● 他市町村の人…子ども1人につき500円（初回のみ）
＜一時預かり＞
　保育士が託児室で子どもを預かる。理由を問わず利用可能で、事前登録が必要。対象は生後6カ月以上の未就学児。1時間当たりの利用料は多賀城市民が700円（以降30分につき350円追加）、他市町村の人が800円（以降30分につき400円追加）。利用可能時間は、すくっぴーひろば開館時間に同じ。
問／すくっぴーひろば
　　TEL022-355-7085

ファミリー・サポート・センター

　用事や仕事などで子どもを預かってほしいときなどに、「子育ての援助をしてほしい人（利用会員）」が「子育ての援助をしてくれる人（協力会員）」に報酬を支払い、子どもを預ける援助活動。利用の際は会員登録（無料）が必要。援助活動の調整は事務局が担当し、利用会員と協力会員の面談を事前に行うため、安心して預けられる。万一の事故に備え、補償保険に加入している。
対象／● 利用会員…多賀城市に在住し、おおむね生後2カ月～小学6年生の子どもがいる人
　　　● 協力会員…多賀城市に在住し、援助活動への理解と熱意がある20歳以上の人

48

●両方会員…利用会員と協力会員の両方になりたい人
問/すくっぴーひろば TEL022-355-8041（ファミサポ専用）

子ども医療費助成制度

子どもの医療費（通院費・入院費）を助成し、子育て世帯の経済的負担を軽減する（所得制限あり）。
対象/市内在住の0〜18歳の年度末までの子ども（生活保護受給者および婚姻歴がある人を除く）
申請方法/対象となる子どもの健康保険証、受給者（保護者等）名義の預金通帳もしくはキャッシュカード、受給者および子どもの個人番号カード（個人番号カードを持っていない場合は個人番号通知カードと官公署発行の写真付き身分証明書）、受給者が1月1日以降に転入した場合は市から前居住市町村に所得状況等を確認するため、同意書の提出が必要
※同意書は市ウェブサイトからダウンロード可能
問/国保年金課 TEL022-368-1141

一時預かり保育

空きがあれば理由を問わず利用できる。
実施場所/●浮島保育所
　　　　　TEL022-368-0440
　　　　　●多賀城バンビの丘こども園
　　　　　TEL022-368-4302
　　　　　●大代保育園
　　　　　TEL022-362-0356（休止中）
対象/おおむね1歳以上の子ども
保育日時/平日8:30〜17:00
　　　　　土曜8:30〜12:30
休/日曜、祝日、年末年始（12月29日〜1月3日）
　　※多賀城バンビの丘こども園は4月1、2日も休業
　　※大代保育園は2021年12月現在休止中

利用料/・1日2000円、半日1000円（給食なしは300円引き）
　　　　・布団利用100円（浮島保育所および多賀城バンビの丘こども園）
　　　　・雑費100円（多賀城バンビの丘こども園のみ）
申し込み/利用日の2週間前まで、各保育所に直接申し込む（緊急時は2日前まで）
問/保育課
　　TEL022-368-1141

病後児保育

病気やけがなどの回復期で集団生活が難しく、仕事の都合などで家庭での保育が困難なときに利用できる。
実施場所/下馬みどり保育園
　　　　　TEL022-361-3385
対象/1歳〜小学3年生の子ども
保育日時/平日8:00〜18:00、土曜8:00〜17:00
休/日曜、祝日、年末年始（12月29日〜1月3日）
利用料（給食費含む）/
1日2000円、半日（4時間未満）1000円、生活保護世帯は免除
申し込み/事前登録（利用当日でも可）が便利。電話で仮予約後、かかりつけ医などを受診して医師連絡票に記入してもらい、再度電話で予約
問/保育課
　　TEL022-368-1141

1歳児come☆かむ広場

1歳児は乳児から幼児へと変わる大切な節目の時期。その時期に特に関わりが重要となる「遊び」「栄養」「歯科」の各分野で、保健師、栄養士、歯科衛生士、心理士などから「1歳の時期にどんなことをするといいのか」について話を聞き、実際に子どもと体験しながら楽しく育児のポイントを知ることができる。参考になる子育て情報も充実しているので、

ダイナミックな親子
遊びも好評

親子で参加しよう。
対象/1歳〜1歳2カ月の子どもとその保護者
　　※対象の方には、日程など個別に通知
内容/●身体測定（身長・体重）
　　　●体を使った親子遊び、絵本の読み聞かせ
　　　●幼児食への移行ポイントについて
　　　●歯の仕上げ磨き体験、RDテスト（子どもの口から唾液を採って衛生状態を確認するテスト）
　　　●すくっぴーひろばの事業紹介、利用登録
実施場所/すくっぴーひろば
実施日/月1回（日にちは市ウェブサイトや個別通知で確認を）
問/健康課 TEL022-368-1141

ぴよぴよキッチン離乳食教室

離乳食の進め方や作り方について、講話や実演、体験を通して学ぶ。実際に食材や器具を使った離乳食づくり体験を行い、家庭でも実践しやすい内容。栄養士の講話、保育士による親子遊びや絵本の読み聞かせなどもある。参加者同士の悩みの解決や交流の場にもなっている。
対象/生後4〜11カ月の子どもとその保護者
実施場所/母子健康センター
実施日/月1回程度（日にちは市ウェブサイトで確認を）
コース/①はじめてコース（4〜6カ月児）
　　　　②すてっぷあっぷコース（7〜11カ月児）
定員/各回10組
申込/要予約
※2022年4月から対象および内容を変更予定
問/健康課 TEL022-368-1141

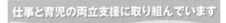

松島町

育もう！
すこやか笑顔あふれる松島の子

〒981-0215
松島町高城字帰命院下一19-1
TEL022-354-5701
人　口／1万3547人
世帯数／5691世帯
面　積／53.56平方㌔
（2021年9月1日現在）

【主な子育て関連部署】
●松島町児童館
　TEL022-354-6888
●町民福祉課こども支援班
　TEL022-354-5798

子育て支援センター

安心して楽しく子育てできるようにサポート。育児相談、赤ちゃん訪問などの活動をしている。
問／松島町児童館 TEL022-354-6888
　　町民福祉課こども支援班
　　TEL022-354-5798

ファミリー・サポート・センター

子育ての手伝いをしてほしい人（利用会員）と子育ての手伝いができる人（協力会員）が会員登録し、子育てをサポートする。利用会員と協力会員の間に事務局が入り、相互の利用調整を図る。利用会員と協力会員の両方に登録することも可能（両方会員）。
利用時間／7:00～21:00の間で援助を必要とする時間
費用（活動報酬）／
・平日7:00～19:00…1時間当たり600円
・平日19:00～21:00…1時間当たり700円
・土・日曜、祝日、年末年始7:00～21:00
　…1時間当たり700円
事務局開設時間／9:00～17:00
休／土・日曜、祝日、年末年始
問／松島町児童館
　　TEL022-354-6888
　　町民福祉課こども支援班
　　TEL022-354-5798

児童館

赤ちゃんから小中高校生までの児童・生徒が自由に遊びに来ることができる。子どもたちは「遊び」を通じて考え、決断し、行動し、責任を持つという「自主性」「社会性」「創造性」を身に付ける。
松島町児童館では、子どもたちや子育て世代の親が地域で安心して生活できるよう、子育てグループやジュニアボランティアの育成、親子教室などを行っている。また子育て家庭の子どもたちが安定した放課後を過ごせるように、登録制で毎日学校から直接来館する留守家庭児童学級（放課後児童クラブ）も開設している。
＜未就学児親子向け＞
●遊びの広場
　午前中は親子でゆったり自由に過ごせる。未就学児は保護者同伴で利用を。
●親子教室
　親子あそびの会「なかよし教室」（月1回）、読み聞かせの会（月1回）、リズム遊びの会（年6回）、親子体操

親子教室

（ヨガ教室、3B体操）、人形劇鑑賞会など。
●子育ての相談
　赤ちゃんほっとサロン（月1回）、どんぐり保健室（月1回）。町の保健師、栄養士に「あのね、○○について聞きたいんだけど…」と気軽に相談できる。
＜小・中・高校生向け＞
●自由来館
　原則、小学生から1人で来館可能。ランドセル、かばんを家に置いてから来館を。ルールを守って友達と楽しく遊ぼう。

●各種イベント

目指すは「きっかけづくり」。松島町児童館では子どもたちがさまざまな体験や手伝いをすることで新しい分野に興味を持ったり、得意なことに気がついたり、より良い将来につながるようなきっかけづくりをしている（クッキング、工作、スポーツなど）。また、地域の方とのつながりや異年齢交流を目的にこどもまつり、ハロウィーンパーティー、クリスマスパーティーなど、未就学児

児童館のイベントの様子

親子から小中高生までみんなで楽しめる季節のイベントを開催している。
＜留守家庭児童学級（放課後児童クラブ）＞
両親・祖父母が仕事や介護などのために日中留守にする家庭の小学1～6年児童を対象に、下校後安心して過ごせるよう遊びや生活の場を提供し、健全な育成を図ることを目的として松島町留守家庭児童学級を開設している。学校から直接各学級に通級する。
開／・児童館…9:00～19:00
　　・留守家庭児童学級…下校後～19:00（土曜、長期休業期間、振替休日は7:30～19:00）
休／児童館、留守家庭児童学級…日曜、祝日、年末年始
問／松島町児童館
　　TEL022-354-6888
　　町民福祉課こども支援班
　　TEL022-354-5798

子ども医療費助成制度

所得に関係なく、対象年齢の町民の医療費を助成する。
対象年齢（通院・入院）／
0歳から18歳に到達する最初の年度末まで
※保険診療分の自己負担は無料。ただし、保険適用外のもの（健診、予防接種、入院時食事代、室料、容器代等）は対象とならない
問／町民福祉課福祉班
　　TEL022-354-5706

つどう・つながる・ささえあう

七ヶ浜町

〒985-8577
七ヶ浜町東宮浜字丑谷辺5-1
TEL022-357-2111
人　口／1万8279人
世帯数／6786世帯
面　積／13.19平方㌖。
（2021年10月1日現在）

子育て支援センター便り「すまいる通信」

子育て支援に役立つ情報やイベントの案内など、情報満載の「すまいる通信」を毎月発行している。配布場所は子育て支援センター。町のウェブサイトからPDFをダウンロードしても閲覧できる。
問／子育て支援センター
　　TEL022-362-7731

一時保育

子ども未来課に事前登録すれば利用できる。
対象／生後1年から就学前までの子ども
登録内容／●私的理由保育…私用、リフレッシュなど理由は問わず週2回まで利用可能
●特定保育…就労している人で、週3回まで利用可能
●緊急保育…入院、看護、出産などで、2週間まで利用可能
実施場所／遠山保育所内かきのみ組
保育時間／平日8:30〜17:00
休／土・日曜、祝日、年末年始
・1日保育：保育料3歳未満1300円、3歳以上1000円、おやつ・給食代300円
・午前保育：保育料700円、おやつ・給食代300円
※登録年度4月1日時点での年齢
問／子ども未来課
　　TEL022-357-7454

【主な子育て関連部署】
●子育て支援センター
　TEL022-362-7731
●子ども未来課
　TEL022-357-7454
●教育総務課
　TEL022-357-7440

子育て支援センター

未就学児とその保護者を対象に、親子向けの遊びなど、さまざまな事業を実施している。事業の一例は下記の通り。
●すまいる広場
子どもと親が一緒に遊べる広場で、母親同士の情報交換、仲間づくりの場にもなる。広い園庭には遊具がある。保育士が子育ての相談に応じる。
開／平日9:00〜17:00
●ママお茶会
ボランティアによるお茶会。その場で入れる抹茶と手作り菓子でほっこりできる。
開／第3水曜10:00〜11:00
※ボランティアの都合で休む場合もある
●お楽しみカード
利用する子どもに配布しているカード。利用時に配布されるシールを10枚集めると、プレゼントがもらえる。
問／子育て支援センター
　　TEL022-362-7731

子育て支援ガイドブック

子育て支援に関する情報を、分かりやすく使いやすいように提供することを目的として、子育て支援ガイドブックを子ども未来課、子育て支援センターで配布している。乳幼児健診や予防接種、食育、緊急医療機関、各種相談などを紹介。町ポータルサイトでも閲覧できる。
問／子ども未来課
　　TEL022-357-7454

園庭には楽しい遊具がそろう（子育て支援センター）

子育て支援センターではクリスマス会など季節のイベントを開催

利府町

遊ぶことを大切にし、自ら考え、行動し、
心豊かに育つために

〒981-0112
利府町利府字新並松4
TEL022-767-2111
人　口／3万6070人
世帯数／1万3833世帯
面　積／44.89平方㌔
（2021年10月31日現在）

問／健康推進課子ども家庭センター
　　TEL022-356-6711

【主な子育て関連部署】
●子ども支援課
　TEL022-767-2193
●健康推進課
　子ども家庭センター
　TEL022-356-6711

子育て支援ガイドブック

　子育てに関わる人の手助けをし、育児不安を少しでも解消できるよう、各種制度や医療機関、町内の遊び場マップ、相談窓口の案内など、子育てに関するさまざまな情報を紹介している。内容は「妊娠が分かったら」「子育てと仕事の両立支援」「子育て支援事業」など。母子健康手帳交付時や町外からの転入時（小学生以下の子どもがいる世帯が対象）に配布している。希望者には町役場1階の子ども支援課でも対応している。また、町ウェブサイトからも閲覧できる。
問／子ども支援課 TEL022-767-2193

赤ちゃん誕生祝事業

　出生時、利府町に住民登録している新生児の保護者に、記念品を贈呈する。新生児の健やかな成長を願い、新しい町民の誕生を祝う。
問／子ども支援課 TEL022-767-2193

児童館

　乳幼児や保護者対象の講座や、小学生以上対象の体験学習などのさまざまな講座や相談事業、地域の人との交流事業を実施してい

る。18歳未満の児童と保護者が利用できる。
●東部児童館
　利用日時／
　月～土曜
　9:00～18:00
　TEL022-767-8150

●西部児童館
　利用日時／
　月～土曜
　9:00～18:00
　TEL022-781-9895

問／子ども支援課 TEL022-767-2193

子育て広場

　親子で遊べる広場が6カ所あり、さまざまな講座や相談事業を実施している。
●ペア・きっず（東部児童館内）
　利用日時／月～土曜9:00～15:00
　TEL022-767-8150
●りふ～る（西部児童館内）
　利用日時／月～土曜9:00～15:00
　TEL022-781-9895
●十符っ子（生涯学習センター内）
　利用日時／月～金曜9:00～15:30
　　　　　（第2・4月曜は休館）
　TEL022-767-2195
●ぽかぽか（青山すぎのこ保育園内）
　利用日時／月～金曜9:00～15:30
　TEL022-767-8841
●ありのみ（アスク利府保育園内）
　利用日時／月～金曜9:00～15:00
　TEL022-349-0611
問／子ども支援課 TEL022-767-2193
●ぺあっこ（保健福祉センター内）
　利用日時／火～木曜9:00～15:00
　TEL022-356-6711

病後児保育

　病気の回復期にあり、集団保育が困難な期間に子どもを仙塩利府病院病後児保育室で一時的に預かる。
保育日時／月～金曜（祝日を除く）
　　　　　8:00～18:00
対象／利府町に住んでいる、保育所などに入所中または小学生の子ども
問／子ども支援課 TEL022-767-2193
　　仙塩利府病院病後児保育室
　　TEL022-355-4809

ファミリーサポートセンター

　町民相互の支援活動を組織化し、地域全体で子育てを支援する。ファミリーサポートセンターは、子育ての支援を受けたい人（利用会員）と子育ての支援をしたい人（協力会員）が会員となり、お互いに信頼関係を築きながら育児について助け合う。入会後、センター職員（アドバイザー）が会員間の支援活動の調整を行い、活動を支援する。
対象／●利用会員…利府町に在住で、生後2カ月から小学6年生までの子どもがいる人
　　　●協力会員…利府町に在住で、20歳以上の心身ともに健康な人。性別や資格は問わない。町で実施する講習を受講する必要がある
　　　●両方会員…用事があるときには支援を受けたいけれど、余裕があるときには支援したいという人
利用時間・報酬基準額（一人当たり）／
●平日7:00～19:00…1時間600円
●平日19:00～21:00…1時間700円
●土・日曜、祝日、年末年始
　7:00～21:00…1時間700円
開設時間／9:00～16:00
問／事務局 TEL022-767-1050

名亘エリア

子育て行政サービス

ご近所で運動！

名亘エリア編

※アイコンの説明

無料駐車場あり（ない場合グレー）

雨天利用可（不可、推奨しない場合グレー）

グリーンピア岩沼

広い芝生広場で運動しよう

屋内外で楽しい場所いっぱい　自然散策路でリフレッシュ

岩沼市街地から車で約10分の場所にある自然豊かな健康増進拠点施設。広い芝生広場をはじめ自然散策路、テニスコート、温水プール（おむつが取れていない子どもは利用不可）、体育館などがあり、屋内外で運動できるスポットが充実している。ジャンボローラー滑り台がある「こども広場」も人気だ。自然散策路には野鳥の鳴き声が聞こえてくる「野鳥の道」、夏はカブトムシが見られ秋はドングリ拾いができる「どんぐりの道」など多彩なコースがある。家族でゆっくり森林浴してリフレッシュしてみては。

経験できる動き
体のバランスを取る
体を移動する
用具などを操作する

DATA
岩沼市北長谷字切通1-1
TEL0223-25-5122
開・休／施設などにより異なる
料金／芝生広場・こども広場・自然散策路…無料
　　　※このほか、施設により異なる

子どもに人気のジャンボローラー滑り台

親子で楽しめる温水プール

つばめの杜中央公園

芝生でかけっこやボール遊び　幼児向け小型遊具なども

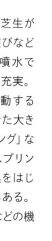

円形の芝生広場には天然の芝生が植栽され、かけっこやボール遊びなどで自由に運動できる。夏季は噴水で水遊びが楽しめるほか、遊具が充実。ロープにぶら下がって空中移動する「スカイロープ」、ロープでできた大きな"山"を上る「ザイルクライミング」などで思い切り体を動かそう。スプリング遊具など幼児向け小型遊具をはじめ、健康器具や休憩スペースもある。児童館や子育て支援センターなどの機能を備える施設が隣接する。

夏はみんなで水遊び

ザイルクライミングで遊ぶ子どもたち

東日本大震災を機に整備された

経験できる動き
体のバランスを取る
体を移動する
用具などを操作する

DATA
山元町つばめの杜1-1-1
問／山元町建設課　TEL0223-37-5111
開／入園自由
休／無休
料金／無料

名取市サイクルスポーツセンター

潮風を感じながら全長約4㌔の「サイクリングロード」を走行しよう。自転車は持ち込み可能で、スポーツバイク、4人乗りのファミリー向け自転車、子ども向け自転車などのレンタルもできる。入場料のみで気軽に遊べる「遊具広場」「スケートボード場」、有料予約制の「3×3バスケットコート」「フットサルコート」で、サイクリスト以外も楽しめる。遊具広場にはドーム状のトランポリン「ふわふわドーム」、水遊びができる「噴水広場」（夏季のみ）などで体を動かせる。

飛び跳ねて遊べる「ふわふわドーム」

経験できる動き

◎DATA
名取市閖上字東須賀2-20　TEL022-385-8027
開／9:00～16:30（4～11は17:00まで）
休／水曜（夏休み期間を除く）、雨天時（ウェブサイトで告知）
　　屋外施設のみ12月29日～1月3日
料金／入場料…一般200円、小学生100円、未就学児無料
　　　※入場料のみで遊具広場、スケートボード場、
　　　　サイクリングロード（自転車持ち込みの場
　　　　合。必ずヘルメットを着用）利用可
　　　レンタル自転車…一般1時間500円、2時間800円
　　　　　　　　　　　小学生1時間300円、2時間500円
　　　　　　　　　　　※入場料込み
　　　3×3コート・フットサルコート（要予約）…1時間1000円

▲幼児向け遊具がそろう遊具広場

広々としたサイクリングロード

▶温泉施設を併設していて、運動後の疲れを癒やせる

佐藤製線スポーツパークわたり（亘理公園）

丘陵地を生かした自然豊かな公園。色鮮やかな円形花壇やバラ園などがあり、季節によって咲き誇る美しい花を眺めながらゆっくりと散歩するのにお勧めだ。ベンチやあずまやなどで休憩できる。全長約60㍍のローラー滑り台をはじめ、ターザンロープや丸太渡りが楽しめるアスレチック広場、小さい子ども用のブランコなどがあるので、親子一緒に伸び伸びと運動しよう。敷地内には野球場、テニスコートもある。

美しい花が咲き誇る円形花壇

経験できる動き

◎DATA
亘理町逢隈鹿島寺前南76
問／亘理町施設管理課　TEL0223-34-0512
開／入園自由
休／無休
料金／無料

人気のローラー滑り台
◀丸太でできた橋を渡るアスレチック
▶敷地内にはテニスコートもある

カラフルな遊具で夢中になって遊べる

元気な都市・名取

名取市

〒981-1292
名取市増田字柳田80
TEL022-384-2111
人　口／7万9445人
世帯数／3万2277世帯
面　積／98.17平方㌔。
（2021年10月31日現在）

市子育て支援キャラクター「なとりーな」

名取市子育て支援キャラクター「なとりーな」

【主な子育て関連部署】
● こども支援課
　TEL022-724-7118
● 保健センター
　TEL022-382-2456

子育て支援センター・子育てひろば

　子育て中の親子がゆったりとくつろぎながら遊べるサロン。子育てに関するイベントも開催している。
● 対象／市内在住の0歳〜就学前の子どもとその保護者
● 開設日時
・高舘あおぞら保育園 子育てサロン「りんご組」
　開／月〜金曜
　　　10:00〜12:00、14:30〜16:00
・増田児童センター 子育てひろば「ぴよぴよハウスinますだ」、那智が丘児童センター 子育てひろば「ぴよぴよハウスinなちがおか」、下増田児童センター 子育てひろば「ぴよぴよハウスinしもますだ」
　開／月〜金曜9:00〜17:00
・本郷小規模保育所 子育てひろば「きららルーム」
　開／月〜土曜9:00〜12:00、14:30〜17:00
● 利用料／無料
　※利用時間などが変更になる場合があるため、利用する際は施設に問い合わせを

ここいる内観

問／高舘あおぞら保育園子育て支援センター
　　TEL022-381-2031
　　増田児童センター子育てひろば
　　TEL022-381-1305
　　那智が丘児童センター子育てひろば
　　TEL090-2849-2051
　　下増田児童センター子育てひろば
　　TEL022-724-7978
　　本郷小規模保育所 子育てひろば
　　TEL080-9637-8084

名取市子育て支援拠点施設「coco l' ll（ここいる）」

　0歳から就学前までの乳幼児親子のための専用ひろば。2019年4月にイオンモール名取3階あおばコートにオープンした。
対象／市内在住の0歳〜就学前の子どもとその保護者（市外在住者も利用可）、プレママ・パパ
休／水曜（祝日を除く）、祝日の翌日（土・日曜、祝日は開館）、年末年始
開／10:00〜17:00
利用料／無料
利用方法／市内在住者は利用登録、市外在住者は入館手続きを行う
問／TEL022-281-8172

一時預かり事業

　保育園や幼稚園に在籍していない未就学児を一時的に保育する。
● 利用区分／
・一時的利用
　一時的な保護者の入院や通院、看護、出産、冠婚葬祭、災害、事故、求職活動、兄弟や姉妹の行事参加、非定期的就労（臨時的なアル

バイトや自営業の繁忙期）など。育児疲れの解消を目的とした利用も可。月12日まで利用でき、保護者の入院などを理由にする場合は最大1カ月継続も可能。
・定期的利用
　保護者が週3日以内の就労で保育が困難な場合、利用登録した年度のうち必要な期間に利用できる。
● 対象／市内在住で満6カ月〜就学前の集団での保育が可能な子ども
● 利用時間／7:30〜18:00（日曜、祝日、年末年始を除く）※午前のみ、午後のみの利用可
● 利用料／午前または午後800円
　　　　　（3歳以上は500円）
　　　　　1日1600円（同1000円）
　　　　　※午前または1日利用の場合は別途給食費300円
● 申し込み／
・一時的利用の場合
　利用前に利用を希望する施設で面接をし、利用登録をする。登録後、利用希望日を電話で予約し、利用申請書を提出する。利用を希望する際は各施設に問い合わせを。
・定期的利用の場合
　新年度からの利用申し込みは申込受付日（例年2月中旬）から、利用を希望する施設へ直接電話で申し込む。利用可能となった場合に施設で面接を実施する。年度途中から利用する場合は各施設へ問い合わせを。
場所・問／名取が丘保育所
　　　　　（名取市名取が丘2-6-1）
　　　　　TEL022-384-1853
　　　　　高舘あおぞら保育園
　　　　　（名取市高舘熊野堂字五反田山1-2）
　　　　　TEL022-381-2011
　　　　　名取みたぞの保育園
　　　　　（名取市美田園5-3-5）
　　　　　TEL022-784-1020（一時的利用のみ）
　　　　　愛の杜めぐみ保育園
　　　　　（名取市愛の杜1-2-10）
　　　　　TEL022-226-7466 ※事業休止中

放課後児童クラブ

就労などで保護者が昼間いない家庭の子どもを預かる（定員は地区によって異なる）。

那智が丘児童センター

利用時間・利用料／
●増田・名取が丘・増田西・館腰・相互台・ゆりが丘・那智が丘・下増田・愛島・閖上放課後児童クラブ…月〜金曜 放課後〜18:00 月額3000円
●高舘放課後児童クラブ…月〜金曜 放課後〜16:30 (11〜2月は16:00まで) 月額1500円 (18:00まで預かりの場合は月額3000円)
※全放課後児童クラブで18:00〜19:00まで延長可（別途月額1000円）
※土曜は増田・増田西・那智が丘児童センターで実施 (8:00〜17:00、日額500円)
※長期休業日と振替休日は8:00から利用可
※同一世帯の2人目以降は全料金が半額
※土曜、長期休業、振替休日の利用は各施設に問い合わせを
休／日曜、祝日、年末年始
問／増田放課後児童クラブ
　　TEL022-382-4567
　　名取が丘放課後児童クラブ
　　TEL022-382-1256
　　閖上放課後児童クラブ
　　TEL022-385-2707
　　増田西放課後児童クラブ
　　TEL022-384-6791
　　館腰放課後児童クラブ
　　TEL022-383-9170
　　相互台放課後児童クラブ
　　TEL022-386-5023
　　ゆりが丘放課後児童クラブ
　　TEL022-386-5298
　　那智が丘放課後児童クラブ
　　TEL022-386-2051
　　下増田放課後児童クラブ
　　TEL022-382-1345
　　愛島放課後児童クラブ
　　TEL022-382-1213
　　高舘放課後児童クラブ
　　TEL022-382-1010 (14:00〜17:30)

病後児保育事業

保護者の勤務の都合などの理由で、病気の回復期の子どもの保育ができない場合、専用の保育室で看護師・保育士が一時的に預かる事業。利用する際はかかりつけ医師の判断が必要。
対象／市内在住の1歳〜小学6年生の病気回復期の児童。実施施設以外の保育園児、幼稚園児、家庭で子育てをしている人も必要に応じて利用できる
利用時間／8:00〜18:00 (土・日曜、祝日、年末年始を除く ※愛の杜めぐみ保育園は土曜利用可)
利用料／1時間240円 (飲食物300円別途負担)、1日2400円
申し込み／事前の登録・予約が必要。利用登録、予約は直接各施設に問い合わせを
場所・問／名取みたぞの保育園
　　　　　(名取市美田園5-3-5)
　　　　　TEL022-784-1020(代)
　　　　　TEL022-784-1031 (直通)
　　　　　愛の杜めぐみ保育園
　　　　　(名取市愛の杜1-2-10)
　　　　　TEL022-226-7466(代)
　　　　　TEL070-1143-2332 (直通)
　　　　　※事業休止中

子育て世代包括支援センター事業

妊娠前から子育て期に関するさまざまな相談や情報提供を行い、子育てに関わる関係機関や医療機関と連携しながら、切れ目なく支援する。
開／平日9:00〜16:30
対象／妊娠前および妊娠期〜子育て期 (乳幼児期) の保護者
問／保健センター TEL022-382-2456

子育てガイド なとりっこ21

乳幼児期の教育・保育・子育て支援施設の情報を中心に、市の子育て支援についてまとめたリーフレット。保育所、児童センター、地域型保育事業、子育て支援センターといった施設のほか、医療機関や親子で遊べる公園などの情報もまとめている。市役所1階のこども支援課窓口などで配布している。
問／こども支援課 TEL022-724-7118

子育てコーディネーター

市役所のこども支援課窓口で、子ども・子育ての支援に関する相談や援助、情報提供、関係機関との連絡調整、保育施設の利用に関する相談受け付けなどを実施している。
利用日時／平日9:00〜17:00
対象／子育て中の保護者
問／こども支援課 TEL022-724-7181

子ども医療費助成

子どもの保険適用医療費を助成している。申請には、対象となる子どもの健康保険証、受給者 (親) 名義の預金通帳もしくはキャッシュカード、受給者と配偶者の個人番号カード (個人番号カードを持っていない場合は個人番号通知カードと官公署発行の写真付き身分証明書) が必要。
助成内容／0歳〜中学3年生の通院・入院費 (小中学生は初診時500円の自己負担金あり)
問／こども支援課 TEL022-724-7119

公園に行こう
子どもと一緒に遊んだり、とっておきの眺めを見つけたり…。名取にはまた行きたくなる公園があります。お気に入りの公園を探してみては。

下増田エリア 美田園中央公園
仙台空港アクセス鉄道「美田園駅」から徒歩10分 Pあり
緑豊かな芝生広場、遊具が楽しいあそびの広場、軽スポーツが楽しめる多目的広場があり、季節の草花や樹木が楽しめる桜の広場では、春にお花見も楽しめます。

高舘エリア 海の見える丘公園
宮城交通バス「ゆりが丘5丁目」から徒歩1分 Pあり (日中のみ)
海を見渡すパノラマに、時を経つのも忘れてしまうかも。幅8mのプロムナードには多くの樹木が植えられており、散策路を歩いたり、芝生広場でくつろいだり楽しみ方はいろいろです。

問／名取市都市計画課　TEL022-384-2111

iがあふれる "健幸" 先進都市

▽ 岩沼市

〒989-2480
岩沼市桜1-6-20
TEL0223-22-1111
人 口／4万3840人
世帯数／1万8426世帯
面 積／60.45平方㌖
(2021年10月30日現在)

【主な子育て関連部署】
● 健康増進課
　TEL0223-22-1111
● 子ども福祉課
　TEL0223-22-1111
● 岩沼市子育て支援センター
　TEL0223-36-8762
● 東子育て支援センター
　TEL0223-35-7767

子育て支援センター

「子育て支援センター」は、地域全体で子育てを応援するために、親子が自由に遊べる「遊び場の提供」や子育て中の親子の「交流の場の提供」、子育てが楽しくなる「事業や講座」の実施、子育てに関する「情報の提供」、「相談・援助」、「子育てボランティアの育成」、「子育てサークルの育成」を行っている。
● 子育て支援センター

開／月～土曜（土曜は施設開放のみ）
　　9:00～17:00
休／日曜、祝日、年末年始
対象／未就学児とその保護者
利用
・登録不要
・飲食スペースで指定の時間に飲食可
・授乳室、給湯室あり
・未就学児専用の館庭あり
問／TEL0223-36-8762
● 東子育て支援センター
開／月～金曜9:00～17:00
休／土・日曜、祝日、年末年始
対象／未就学児とその保護者
利用
・入館時に名前記入
・飲食スペースで指定の時間に飲食可
・授乳室、給湯室あり
・未就学児専用の館庭あり
問／TEL0223-35-7767
● 地域子育て支援センター「J'sキッズ」
開／月～金曜9:00～17:00
休／土・日曜、祝日、年末年始

対象／未就学児と保護者
利用
・入館時に名前記入
・飲食スペースで指定の時間に飲食可
・授乳室、給湯室あり
問／TEL0223-36-9853

ファミリー・サポート・センター事業（ファミサポ）

子どもを預けたい人（依頼会員）と子どもを預かる人（協力会員）がそれぞれ会員登録し、地域で子育てを支援する有償ボランティア事業。保護者の通院や家族の介護、冠婚葬祭、買い物、美容院など理由は問わない。主な活動内容は事務局に問い合わせを。
● 活動内容
・協力会員の自宅で子どもを預かること
・岩沼みなみプラザ内で子どもを預かること
・保育施設までの送迎を行い、子どもを預かること（送迎のみは不可）
● 対象
依頼会員
・市内に在住もしくは勤務している人
・2カ月～小学6年生の子どもがいる人
協力会員
・市子育て支援センターに協力会員として登録している人
両方会員
・上記会員の両方を兼ねる人
※各会員とも事前登録が必要

岩沼市子育て支援センター（みなみプラザ）

東子育て支援センター（東保育所併設）

●利用料（子ども1人を預ける場合）
月〜金曜7:00〜19:00 1時間700円
※その他の曜日や時間に関しては下記まで
　問い合わせを
問／ファミリー・サポート・センター事務局
　（岩沼みなみプラザ内）
　TEL0223-36-8763

ブレーメンの音楽会（子育て支援センター）

お昼の読み聞かせ会（東子育て支援センター）

放課後児童クラブ

　児童館などで市内の小学校に通学する1〜
6年生を預かる。保護者（75歳未満の同居の
祖父母なども含む）全員が留守にしている場
合に利用できる。
●加入要件
・児童の放課後に就労または就労を目的とし
　た各種学校に就学している場合
・常時家族の介護や看病に当たっている場合
・妊娠や出産または疾病により入院、自宅療
　養が必要な場合
・身体障害者手帳1〜3級または療育手帳か
　精神保健福祉手帳を有し、かつ子育てが困
　難であることを示す診断書がある場合
・その他、児童クラブへの入所が必要と市長
　が認めた場合
開／月〜土曜
利用時間／月〜金曜 放課後〜19:00
　　　　　土曜 8:00〜18:00
　　　　　学校休業日 8:00〜19:00
休／日曜、祝日、年末年始
問／各児童館（下枠内）

よちよちくらぶ（子育て支援センター）

さまざまな玩具で遊べる（東子育て支援センター）

子育て何でも相談
「赤ちゃんホットライン・ママの相談」

　乳幼児健診や予防接種、妊娠中の過ごし方、
産後の体調や家族計画、育児に関することな
どについて、保健師や助産師、管理栄養士と
いった専門の相談員が相談に応じる。来所相
談は要予約。
開／月・水・金曜（祝日を除く）9:00〜16:00
相談電話／TEL0223-22-2754
問／健康増進課 TEL0223-22-1111

親子ふれあい絵本交付事業

　絵本を通じて親子の絆を強め、子どもが豊
かな心を育み健やかに成長できるよう実施し
ている。1歳8カ月の子どもを対象に、成長に
配慮した選択ができるよう推薦した21冊か
ら希望の絵本を2冊、無料で交付する。
問／子育て支援センター
　　TEL0223-36-8762

子ども医療費助成制度

　市内在住の0〜18歳で、健康保険（岩沼市
国民健康保険、各種社会保険、国保組合）に
加入している人の保険適用医療費を助成す
る。申請には資格登録申請書、保護者の個人
番号カードまたは顔写真付きの公的身分証
明書、子どもの健康保険証、保護者名義の普
通預金通帳が必要。
助成内容／子どもの入院費、通院費（医科、
　　　　　歯科、調剤）、訪問看護費
問／健康増進課 TEL0223-22-1111

学　区	放課後児童クラブ名	問
岩沼小	北児童センター放課後児童クラブなかよしクラブ すずかけ放課後クラブ げんきクラブ	TEL0223-22-2857 （北児童センター）
玉浦小	東児童館放課後児童クラブなかよしクラブ	TEL0223-25-0455
岩沼西小	西児童センター放課後児童クラブなかよしクラブ にしっこクラブ ただいまクラブ おかえりクラブ	TEL0223-22-4677 （西児童センター）
岩沼南小	南児童館放課後児童クラブなかよしクラブ みなみっこクラブ	TEL0223-22-3852 （南児童館）

また来たくなるまち・
ずっと住みたくなるまち わたり

亘理町

〒989-2393 亘理町字悠里1
（2020年1月6日から）
TEL0223-34-1111
人　口／3万3442人
世帯数／1万2958世帯
面　積／73.60平方㌖
（2021年9月30日現在）

プレママ・パパ教室の様子

【主な子育て関連部署】
● 子ども未来課
　TEL0223-34-1225
● 中央児童センター
　TEL0223-34-2752
● 地域子育て支援センターわたり
　（中央児童センター内）
　TEL0223-32-0720
● 子育て世代包括支援センター
　（保健福祉センター内）
　TEL0223-34-7505
● ファミリー・サポート・センター
　（保健福祉センター内）
　TEL0223-23-1290

中央児童センター
（地域子育て支援センターわたり）

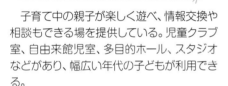

　子育て中の親子が楽しく遊べ、情報交換や相談もできる場を提供している。児童クラブ室、自由来館児室、多目的ホール、スタジオなどがあり、幅広い年代の子どもが利用できる。
● 未就学児と保護者
開／月〜金曜、第1・3日曜9:00〜15:00
休／土曜、第2・4・5日曜、祝日、年末年始
　　※変則的に金曜が休みの場合有り
● 小学生
開／月〜土曜、第1・3日曜9:00〜12:00、13:00〜16:30（11〜2月は16:00まで）
休／第2・4・5日曜、祝日、年末年始
● 中学・高校生
開／月〜土曜、第1・3日曜9:00〜12:00、13:00〜19:00（土曜、第1・3日曜は17:00まで）
休／第2・4・5日曜、祝日、年末年始
● 利用料／無料

問／中央児童センター
　TEL0223-34-2752
　地域子育て支援センターわたり
　TEL0223-32-0720

ファミリー・サポート・センター

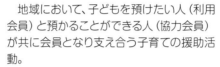

　地域において、子どもを預けたい人（利用会員）と預かることができる人（協力会員）が共に会員となり支え合う子育ての援助活動。
● 活動内容
・保育所（園）、幼稚園、学校、習い事への送迎やその前後の預かり
・通院、学校行事、買い物、保護者のリフレッシュ時の預かり
※協力会員宅での預かりが基本だが、それ以外は応相談
※病中病後児の預かりは行わない
● 対象
利用会員
・町内に在住または勤務する人
・生後2カ月〜小学6年生までの子どもがいる人
協力会員
・町内に在住する20歳以上の人で町が実施する協力会員講習会を修了した人
両方会員
・上記会員の両方を兼ねる人
● 利用料（活動報酬）
・月〜金曜7:00〜19:00 1時間700円
・上記以外の時間、土・日曜、祝日、年末年始 1時間800円
※兄弟姉妹は2人目から半額
※利用会員から協力会員へ直接支払う
※車での送迎を利用する場合は別途1回200円

問／ファミリー・サポート・センター
　TEL0223-23-1290

子ども医療費助成

　子どもの保険適用医療費を助成している。申請には対象となる子どもの健康保険証（子どもの健康保険証が健康保険組合、共済組合などに加入の場合は、登録申請書の裏面に職場または保険者が記入した付加給付に関する証明が必要※登録申請書は窓口に備え付け）、保護者名義の預金通帳、印鑑が必要。詳細は下記まで問い合わせを。ただし、生活保護を受けている世帯と、所得が一定以上の場合は助成を受けられない。
助成内容／0〜18歳（高校3年生卒）までの子どもの入院・通院費を助成する（保険適用分のみ）
問／子ども未来課
　TEL0223-34-1225

子育て世代包括支援センター

　妊娠期から子育て期までのさまざまなニーズに対し、保健師や助産師などの専門職が健やかな成長を支えていけるよう切れ目のない包括的な支援を行う。また保育所（園）、幼稚園などの施設や地域の子育て支援事業から必要な支援を選択して利用できるような情報提供を行う。「沐浴の仕方が分からない」「発育や発達が心配」「子育てが不安」「どのような子育て支援サービスがあるか分からない」「子どもと気軽に遊べる場所を知りたい」など幅広い相談を受け付ける。
問／子育て世代包括支援センター
　TEL0223-34-7505

子育てするなら山元町！

🌀山元町

〒989-2292
山元町浅生原字作田山32
TEL0223-37-1111
人　口／1万1957人
世帯数／4817世帯
面　積／64.48平方㌔。
（2021年10月31日現在）

【主な子育て関連部署】
●子育て定住推進課
　TEL0223-36-9835
●こどもセンター
　TEL0223-36-7251

こどもセンター

JR常磐線山下駅から徒歩5分

「児童館」「子育て支援センター」「山下第二小学校児童クラブ」の三つの機能を兼ね備えた施設。児童館は多目的ホール、創作活動室、図書室などを備え、子どもが遊んだり勉強したりと自由に過ごせる。子育て支援センターは木製遊具などを設置していて、親子が気軽に集まって交流ができる。また、地域に愛される施設を目指し、さまざまな事業に取り組んでいる。
開／月～土曜
利用時間／9:00～16:30
休／日曜、祝日、12月29日～1月3日
利用料／無料
問／こどもセンター TEL0223-36-7251

出産お祝い育児支援事業

新たな山元町民の出生を祝うとともに、子育て世帯の経済的な負担の軽減を図ることを目的とした事業。町内の対象店舗で紙おむつなど育児用品を購入するときに利用できる「出産お祝い育児支援チケット」を交付する。
対象／町内に在住する、満1歳未満の乳児の保護者または養育者で、公共料金等の滞納がない人
支給額／月額2000円分×月数分（満1歳になる前の月まで、最大12カ月分）
問／子育て定住推進課 TEL0223-36-9835

はじめてのベビーバス・ベビーベッドレンタル事業

出生後の短期間に必要となるベビー用品を無料で貸し出して保護者の経済的な負担を軽減し、子育てしやすい環境をつくる。
対象／町内に在住する乳児の保護者または祖父母など
貸出品目（期間）／
・ベビーバス（3カ月）
・ベビーベッド（12カ月）
※里帰り出産でも利用できる
問／子育て定住推進課 TEL0223-36-9835

元気やまもと子育てアプリ

妊娠から出産・育児までをサポートするため、子ども・子育て支援アプリ「母子モ」を運用。
●主な機能
・妊婦健診や乳幼児健診の記録
・予防接種日などのスケジュール管理
・プッシュ通知により予防接種や健診の受け忘れの防止
・日記、写真、記念日などの記録
・オンラインによる相談
問／保健福祉課 TEL0223-37-1113

すこやか絵本事業

親子の触れ合いの機会を増やし、子どもの豊かな情操を育むことを目的としている。事前に申請すると乳幼児健診の際に「やまもとオリジナルトートバッグ」に入れてプレゼントされる。
●1歳6カ月からのブックスタート
　～1歳6～8カ月児健診対象の子どもに～
　15冊から希望の絵本2冊を交付する。
●3歳から広がる世界 楽しく学ぶ教育・知育ツール～3歳児健診対象の子どもに～
　絵本5冊、教育・知育ツール4点の中から希望のもの一つを交付する。
問／子育て定住推進課 TEL0223-36-9835

ファミリー・サポート・センター

子育てをお願いしたい人（おねがい会員）と子育てを手伝いたい人（まかせて会員）をつなぎ、地域で助け合いながら子育てをする事業。
利用するためには事前に登録が必要で、利用料も発生する。
開／月～金曜（祝日・年末年始を除く）
　9:00～12:00、13:00～17:00
問／山元町ファミリー・サポート・センター
　事務局（こどもセンター内）
　TEL0223-36-9877

子育て世代包括支援センター（山元版ネウボラ）

助産師や保健師、管理栄養士などの専門職員が常駐し、母子手帳の交付や育児相談、乳幼児健診をはじめ、子育ての不安や悩みなど、子育て全般に関する相談窓口。
開／月～金曜（祝日・年末年始を除く）
　9：00～17：00
問／子育て世代包括支援センター
　（保健センター内）
　TEL0223-36-9836

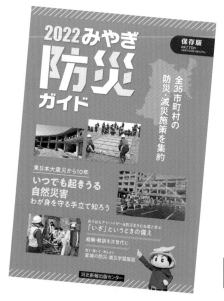

県南エリア
子育て行政サービス

ご近所で運動！

県南エリア編

こじゅうろうキッズランド

屋内大型遊具が大人気
年齢に合ったエリアで遊ぼう

6カ月〜小学生が伸び伸びと体を動かせる。ボルダリングや「トンネルスライダー」ができる大型遊具、バランス感覚を養う回転エアー遊具などがある「わくわくパーク」は小学生に大人気。エアートランポリンなど3〜6歳の子どもが夢中になる遊具がそろう「のびのびランド」、ままごとセットや車・電車レールセットを用意した6カ月〜3歳向けの「すくすくひろば」があり、小さな子どももたっぷり遊べる。授乳室や子どもトイレ完備。親子で楽しめるイベントも開催している。

子どもが遊ぶ姿をそばで見守れる

経験できる動き

体のバランスを取る

体を移動する

用具などを操作する

DATA
白石市福岡長袋字八斗蒔38-1
TEL0224-26-8178
開／10:00〜16:30
休／木曜（祝日の場合は翌平日）、12月29日〜1月3日
料金／入館料…300円

回転エアー遊具でバランス感覚を磨こう

ボルダリングに挑戦

国営みちのく杜の湖畔公園

子ども向け遊具充実
親子で体を動かして

広大な園内には子どもも大人も楽しめるアクティビティがいっぱい。子どもたちに大人気の「わらすこひろば」は、ポンポン弾む巨大なトランポリン「ジャンピングドーナッツ」をはじめ、大小さまざまなボールを敷き詰めた遊具「ステッピング土偶」、ネットでできたジャングルジム「ジャイアント土偶」などで伸び伸びと遊べる。芝生広場「湖畔のひろば」ではサッカーボールやバレーボール、バドミントンなどで思い切り体を動かせる（用具は貸し出しOK）。

ジャンピングドーナッツで夢中になって遊ぶ子どもたち

経験できる動き

体のバランスを取る　体を移動する　用具などを操作する

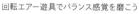
有料

DATA
川崎町大字小野字二本松53-9
問／みちのく公園管理センター　TEL0224-84-5991
開／3・6・9・10月9:30〜17:00
（7・8月は18:00まで、11〜2月は16:00まで）
休／火曜（祝日の場合は開園、翌日休園）、12月29日〜1月3日
※3月1日〜6月第3日曜、7月第3月曜〜10月31日は無休。天候により閉園する場合がある
料金／入園料…65歳以上210円
　　　　　　　15歳以上450円
　　　　　　　中学生以下無料
※貸し出し器具などは有料の場合がある

各種アスレチックを用意する「健康ひろば」

幼稚園〜小学生が利用できる足こぎカート

四季折々の花が咲き誇る大花壇

角田中央公園 交通公園

さまざまな遊具がそろう

信号機や踏切、道路標識があり、子どもが楽しく交通ルール・マナーを学習できるよう設計されている。貸し出し自転車・足踏み式ゴーカート（有料）が利用できる。ブランコや滑り台、スプリング遊具などがあり、思い思いに体を動かせる。2021年3月には新たに幼児用遊び場が完成。上ったり滑ったりできる複合遊具、築山を設けた。芝生広場の一角にはバランスボールで遊べる広場もある（冬季は閉鎖）。多目的運動場や総合体育館なども隣接する。

経験できる動き

体のバランスを取る

体を移動する

用具などを操作する

DATA
角田市枝野字青木155-31
問／角田市総合体育館　TEL0224-63-3771
開／入園自由だが、有料器具の利用は9:00〜16:00
休／12月28日〜1月4日は有料器具利用不可
料金／無料
※貸し出し自転車・ゴーカートは100円、貸し出しバランスボール〈冬季は不可〉は無料

遊具の近くに休憩スペースがあり、保護者がそばで見守れる

貸し出し自転車・ゴーカートは有料。自転車などの持ち込み不可

みやぎ蔵王えぼしリゾート

ファミリー向けの冬の一押しは"雪の遊園地"「キッズパーク」。約80㍍と東北最大級のスノーエスカレーターをはじめ、エアドーム、エアドーム滑り台、そり遊びなどが体験でき雪遊びデビューにぴったりだ。ゲレンデには初心者から上級者まで満足のいくさまざまなコースを用意する。約4.3㌔あるロングコース「ダイナミックコース」は太平洋を望む景色が自慢。広くて緩やかな傾斜の「高原ゲレンデ」、家族向けの「ファミリーゲレンデ」などで初心者も安心して練習できる。

"雪の遊園地"に遊びに行こう

DATA
蔵王町遠刈田温泉　TEL0224-34-4001
開／12〜2月9:00〜16:00
　　（キッズパークは期間内土・日曜、祝日、年末年始に開園）
休／無休
料金／キッズパーク…大人（付き添い）300円
　　　中学生以下800円
　　　2歳以下無料
　　※大人のスキー・スノーボード練習での利用は1000円。そりレンタル500円。このほか、リフト券などはウェブサイトで確認を

経験できる動き

体のバランスを取る

体を移動する

用具などを操作する

約80㍍あるスノーエスカレーター

初心者向けのゲレンデも用意している

土・日曜、祝日、12月29日〜1月3日は有料

安心して子どもを産み育て、
心やすらかに暮らせるまち

白石市

〒989-0292
白石市大手町1-1
TEL0224-25-2111
人　口／3万2621人
世帯数／1万4199世帯
面　積／286.5平方㌔。
(2021年10月31日現在)

しろいし子育て応援アプリ

　子育て世代の妊婦から出産、育児までをサポートする母子手帳アプリ「母子モ」を無料で利用できる。
便利な機能／
・胎児の発育や出産後の子どもの発育を曲線グラフで記録
・予防接種状況をもとに、接種間隔をスケジュール管理
・プッシュ通知で予防接種の受け忘れを防止するほか、子育てイベントや感染症の注意喚起などの市から発信された情報の受信
・子どもの成長を家族で共有 など
問／健康推進課 TEL0224-22-1362

【主な子育て関連部署】
●子ども家庭課
　TEL0224-22-1363
●健康推進課
　TEL0224-22-1362
●福祉課
　TEL0224-22-1400
●教委学校管理課
　TEL0224-22-1342
●教委生涯学習課
　TEL0224-22-1343
●地域子育て支援センター
　TEL0224-22-6025
【白石市子育て支援サイト】

最新情報などはこちらからアクセス

こじゅうろうキッズランド

　乳幼児から小学生までの年齢に合わせた3つの遊びのエリア、絵本コーナーがある。
　絵本の読み聞かせ、工作、あそびうたコンサートなど多彩なイベントも開催。
開／月～水曜・金～日曜10:00～17:00
　　※新型コロナウイルス感染症の影響により、16:30閉館。詳しくは公式ウェブサイトで確認
休／木曜(祝日の場合は翌平日)、12月29日～1月3日、臨時開館・休館あり
料金／一人300円(大人・子ども)
問／こじゅうろうキッズランド
　　TEL0224-26-8178

詳しくはこちらからアクセス

ファミリーサポートセンター

　育児などの援助を受けたい方(依頼会員)と行いたい方(提供会員)からなる会員制の組織。保険加入。次のような時に利用できる。
●子どもの預かり
●幼稚園・保育園への送迎など
依頼会員／白石市在住または白石市内に勤務する生後6カ月～小学6年生の子どもを持つ保護者
提供会員／子育ての援助が可能な白石市在住者
利用時間／原則7:00～19:00宿泊はなし
料金／1時間当たり一人500円。以降30分ごとに1時間当たりの半額を加算。
所在地／白石市字本町27
　　　　(ふれあいプラザ内)
問／TEL0224-25-5488

図書館・アテネ

　図書館1階の子ども読書室は、幼児から中学生向けの読みもの・図鑑など。アテネ2階の絵本コーナーは、絵本・大型絵本・紙芝居をそろえている。
●おはなしひろば
　ボランティアによる絵本、紙芝居の読み聞かせ会。無料。どなたでも参加可。
貸出／一人10冊まで。15日間
休／月曜、毎月第1金曜、年末年始など
所在地／白石市字亘理町37-1
問／図書館
　　TEL0224-26-3004

子ども医療費助成制度

　中学校卒業相当までの子どもを対象に、健康保険が適用される診療を受けた際の自己負担額を助成する。助成を受けるには受給資格登録申請が必要。所得制限なし。
問／健康推進課
　　TEL0224-22-1362

妊婦さんと赤ちゃんのサロン

助産師や保健師、栄養士と話をしながら過ごすサロン。
対象／妊婦さんや4カ月健診前児とその家族
実施場所／健康センター
実施日時／月1回10:00～11:30
　　　　　（受付9:20～9:30）
問／健康推進課　TEL0224-22-1362

乳幼児相談

身長・体重計測、育児・発育・栄養に関する個別相談などができる。
対象／0歳～小学校就学前の子どもとその家族
実施場所／健康センター
実施日時／月1回10:00～11:30
　　　　　（受付9:15～9:45）
問／健康推進課　TEL0224-22-1362

一時預かり

●緊急保育サービス…保護者の入院や通院、冠婚葬祭など緊急・一時的に家庭保育が困難となる場合の保育サービス
　期間／事由ごとに30日以内で必要とする期間
●私的理由による保育サービス…保護者の育児に伴う負担解消のための保育サービス
　期間／1週間当たり3日以内
いずれも事前登録が必要。
対象／市内在住の生後6カ月から小学校就学前の子どもを持つ保護者など。
利用時間／月～金曜8:30～16:30（祝日、12月29日～1月3日を除く）
実施場所／白石市南保育園（南町1-7-20）
料金／一人当たり4時間以上1200円。4時間未満700円。昼食を伴う場合は300円加算。
問／南保育園　TEL0224-26-2915

地域子育て支援センター

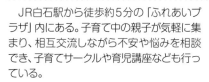

JR白石駅から徒歩約5分の「ふれあいプラザ」内にある。子育て中の親子が気軽に集まり、相互交流しながら不安や悩みを相談でき、子育てサークルや育児講座なども行っている。

対象／就学前の子どもとその保護者
開／月～金曜8:30～17:15
利用料／無料
休／土・日曜、祝日、年末年始
所在地／白石市字本町27
　　　　（ふれあいプラザ内）
問／TEL0224-22-6025

●年齢別子育てサークル "る―む"
子どもの年齢や発達に合わせた遊びが親子で体験できる。子育て中の母親らの集いの場にもなっている。
対象年齢／「にこにこる―む」は生後2～7カ月の子どもと保護者。「わくわくる―む」は8カ月～1歳3カ月の子どもと保護者。「らんらんる―む」は1歳4カ月～2歳3カ月の子どもと保護者。「さんさんる―む」は2歳4カ月～就園前の子どもと保護者。
実施日時／各る―む月1回9:45～11:00
開催2日前までに事前申し込みが必要。
　　　（各る―む定員あり）
●育児講座
＜ベビーあいあい＞
産後2～6カ月の母親が対象。ベビーマッサージとセルフコンディショニングを楽しむ。
実施日時／不定期10:00～11:00
＜りとるあいあい＞
生後8カ月～1歳6カ月の子どもと保護者が対象。音楽に合わせながら親子のスキンシップを楽しむ。
実施日時／不定期10:00～11:00
＜親子ふれあい体操＞
生後1歳6カ月～就園前の子どもと保護

者が対象。親子で楽しく体を動かして遊ぶ。保護者のストレッチ体操も有。
実施日時／不定期10:00～11:00
＜絵画造形教室＞
おおむね2歳3カ月～就園前の子どもとその保護者が対象。季節に合わせたいろいろな素材を使いながら絵を描いたり工作を楽しんだりする。
実施日時／不定期 10:00～11:00
＜保育園、幼稚園で遊ぼう会＞
就園前の子どもとその保護者を対象に実施。市内にある保育園、幼稚園を見学する。集団生活の様子や遊びを見たり、施設や環境に触れることで、就園時の参考にしたり、園児と触れ合うことで遊びの楽しさも体験できる。
実施場所／市内3、4カ所の保育園・幼稚園
実施日時／各園年1回 9:30～11:00
●子育て相談
子どもが成長していくなかで子育てに関する不安や悩みはつきもの。
どうして良いか分からない時、専門スタッフが相談に対応する。
受付日時／平日8:30～17:15
　　　　　（祝日・年末年始を除く）
来館、電話、メール可。

しろいし赤ちゃんの駅

授乳やおむつ交換、ミルク用お湯の提供ができる施設を子育て支援サイトで紹介。利用できる施設には案内板を掲示。
問／子ども家庭課
　　TEL0224-22-1363

しろいし子育てハンドブック「子育てホっとマップ」

小学校就学までに必要とする子育て情報をまとめた冊子。内容は子育て支援施設、市内の遊び場、手作りおもちゃなどで構成される。市内スーパーなどに設置し、子育て支援サイトでも閲覧可。
問／子ども家庭課
　　TEL0224-22-1363

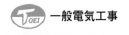

家庭で、仲間で、地域で、みんなが
子育てを楽しむ 心ゆたかな角田っ子の育成

角田市

〒981-1592
角田市角田字大坊41
TEL0224-63-2111
人　口／2万7829人
世帯数／1万1464世帯
面　積／147.53平方㌖
（2021年10月31日現在）

【主な子育て関連部署】
● 子育て支援課
　TEL0224-63-0134
● 社会福祉課
　TEL0224-61-1185
● 健康長寿課
　TEL0224-62-1192
● 教委教育総務課
　TEL0224-63-0130
● 教委生涯学習課
　TEL0224-63-2221
● 角田市子育て支援センター
　TEL0224-62-4360

子育て支援センター

　角田小学校そばの「角田児童センター」内にある。子育て中の親子が気軽に集まり、相互交流しながら不安や悩みを相談できる。
　絵本の読み聞かせや季節の行事も積極的に行っている。毎月の行事を記した「まめっこ通信」も発行している。
● 自由来館
対象／生後3カ月〜3歳の子どもとその保護者
開／月〜金曜9:30〜11:30
利用料／無料
休／土・日曜、祝日、12月28日〜1月4日
● にこにこデー
　生後3カ月〜3歳の子どもとその保護者を対象に実施。保健師または、保育士に育児の不安や悩みを相談できる。
実施場所／角田児童センター
実施日時／月1回 10:00〜11:30
問／角田市子育て支援センター
　　TEL0224-62-4360
● 電話相談

　子どもの成長や育児について、遊び場など気軽に相談できる。
実施日時／月〜金曜 9:00〜15:00
問／子育て支援センター
　　TEL0224-62-4360

一時預かり事業

　仕事や通院など突発的な事情で一時的に保育が困難な場合、市内の「一時預かり事業者」が子どもの保育を行う。
利用時間／7:00〜19:00
　　　　　（その他の時間については応相談）
料金／8:00〜18:00の間で1時間500円（日曜、祝日、お盆、年末年始は600円）。それ以外は30分毎100円加算。
事業者連絡先／
NPO法人角田保育ママの会
TEL090-3753-4251

角田市総合保健福祉センター（ウエルパークかくだ）

● 乳幼児相談
・おたんじょう相談
　身長・体重測定、RDテスト、運動あそび、栄養指導、歯科指導、個別相談などを行う。
対象／1歳児とその保護者
・心理士発達相談
　子どもの発達や育児の悩みについて、心理士が相談に応じる。
対象／未就学児とその保護者
・妊婦・育児相談・個別相談
　離乳食相談、育児相談などを行う。
対象／妊婦とその夫、育児中の親子（祖父母）
問／子育て支援課
　　TEL0224-63-0134

ブックスタート

　3〜5カ月児健診終了後に、実施会場で地域ボランティアによる地区の子育て支援情報の紹介やプレゼントした絵本の読み聞かせを行う。
問／社会福祉協議会
　　TEL0224-63-0055

子ども図書館

　角田市図書館南側にあり、絵本を中心に紙芝居や大型絵本、育児関係の本など約9000冊をそろえている。ベビーカーも一緒にそのまま入ることができる。ベビーシートやチャイルドチェア付きのトイレあり。じゅうたん敷きのおはなしの部屋は床暖房で快適。
所在地／角田市角田字牛舘10
　　　　（市民センター敷地内）
開／10:00〜18:00（第1・3水曜は19:00まで、土・日曜は17:00まで）
休／月曜、祝日、年末年始など
● おはなし会
　ボランティアや図書館司書が、絵本の読み聞かせや紙芝居をしたり、親子で手遊びなどをして交流する。要予約。
※予定が変更になる場合あり。図書館ウェブサイトで確認を。
実施日時／毎月第2水曜 10:30〜
　　　　　　第4土曜 15:00〜
問／図書館
　　TEL0224-63-2223

子ども医療費助成制度

　通院・入院とも18歳の年度末までの子どもを対象に医療機関で健康保険が適用される診療を受けた際の自己負担額を全額助成する。助成を受けるには子ども医療費受給資格登録申請が必要。
問／子育て支援課
　　TEL0224-63-0134

地域ささえあい事業（子育て支援）

父・母いずれかが市内に住所を有する方で、生まれた子ども一人に対して、子育て支援金として5000円を支給している。（生後6ヵ月以内での申請が必要）

問／社会福祉協議会
　　TEL0224-63-0055

角田中央公園 交通公園「どんぐりぱーく」

自転車や足込み式ゴーカートで、親子で楽しく交通ルールを学べる公園。さらに幼児から使用できる遊具があり、芝生も広がっている。たくさん遊んだ後には隣接の道の駅で食事をするのがお勧め。秋にはドングリ拾いが楽しめる。

問／角田市総合体育館
　　TEL0224-63-3771

スポーツ交流館 親子の遊び場

エア滑り台、ジャンボ積み木、トンネルハウスなどたくさんの室内遊具で体を動かし楽しめる遊び場。「どんぐりぱーく」に来たけれど雨が降ってきた時、日差しが強い時、少し休憩したい人などにもお薦め。
対象／2歳〜未就学児
開／月〜金曜9:00〜16:00
休／土・日曜、祝日
問／角田市スポーツ交流館
　　TEL0224-87-8796

角田中央公園 交通公園

放課後児童クラブ

昼間保護者のいない家庭の児童の安全確保、および情操豊かな心を育む援助のため開設している。

実施場所・問／
●角田児童クラブ
　（角田字牛舘17-3＜角田児童センター内＞）
　TEL0224-62-4360
●角田第2児童クラブ
　（角田字牛舘41＜角田小学校内＞）
　TEL0224-62-4360
●横倉児童クラブ
　（角田市横倉字杉の堂7）
　TEL080-6684-1443

●枝野児童クラブ
　（島田字三口71＜枝野小学校内＞）
　TEL090-7662-0659
●藤尾児童クラブ
　（藤田字梶内51-2＜藤尾小学校内＞）
　TEL080-2819-9077
●桜児童クラブ
　（佐倉字小山78-1＜桜小学校内＞）
　TEL080-1848-7799

●西根児童クラブ ※2022年3月で閉所
　（高倉字打越32-3＜西根小学校内＞）
　TEL080-2840-5706
●北郷児童クラブ
　（岡字阿弥陀入11-2＜北郷小学校内＞）
　TEL080-9258-2253

休／日曜、祝日、12月28日〜1月4日
利用時間／放課後〜18:30（学校休業日は8:00〜18:30）
利用料金／月3500円（平日＜授業日・学校休業日＞のみ利用の場合。
　　　　　平日・土曜利用の場合は月4500円）
対象／小学1〜6年生

※土曜は市内全地区の児童を集約し角田児童センター1カ所で実施

角田市陸上競技場

本格的な競技、記録会を行えるよう日本陸連公認第三種の施設として認定をうけています。また、1000人以上収容可能なメインスタンド、トラック内にはサッカー場も併設されています。

競技施設	（公財）日本陸上競技連盟第三種公認トラック：400メートル（8コース）全天候型走路
利用時間	午前9時から午後7時（ただし、11月から3月は午後5時まで）
休館日	毎月第4火曜日（ただし、その日が祝日のときは翌日）、12月28日から1月4日まで。そのほか臨時休館あり

2022年1月28日まで改修工事を予定しております

（お問い合わせ 角田市総合体育館）
〒981-1504 角田市枝野字青木155-31
TEL0224-63-3771

角田市屋内温水プール

施設紹介
　25メートルのメインプール、子ども・幼児プール、ジャグジー、ウォータースライダーなどがあり、年間を通じて利用が可能です。

施設概要
営業時間／9:00〜21:00
　　　　　（遊泳時間は10:00〜21:00）
休 館 日／毎週火曜日（祝日は翌日）、年末・年始

〒981-1504 角田市枝野字青木155-75　TEL0224-61-1212

子どもを生み育てることを喜び、
悩みを共に分かち合い、支えあえる町

蔵王町

〒989-0892
蔵王町大字円田字西浦北10
TEL0224-33-2211
人　口／1万1512人
世帯数／4515世帯
面　積／152.8平方㌔
（2021年9月30日現在）

【主な子育て関連部署】
●子育て支援課
　TEL0224-33-2122
●保健福祉課
　TEL0224-33-2003
●教委教育総務課
　TEL0224-33-3008
●教委生涯学習課
　TEL0224-33-2018
●蔵王町子育て支援センター
　TEL0224-33-2122

子ども医療費助成制度

　通院・入院とも18歳に達する年度末までの子どもを対象に医療機関で健康保険が適用される診療を受けた際の自己負担額を助成する。助成を受けるには子ども医療費受給資格登録申請が必要。
問／町民税務課 TEL0224-33-3001

ざおう子育てサポート事業

　通院や習い事など何らかの用事で子どもを預かってほしいときに地域の協力会員が一時的に子どもを預かる。
①会員になれる方
依頼会員／蔵王町在住、または蔵王町内に勤務するおおむね生後3カ月〜小学6年生の子どもを持つ保護者
協力会員／子育ての援助が可能な蔵王町在住者
②利用内容
開／8:00〜18:00
料金／月〜金曜1時間当たり1人500円

土・日曜、祝日1時間当たり1人600円
預かり場所／協力会員の自宅、児童館、町子育て支援センター
問／子育て支援センター TEL0224-33-2122

すこやか養育助成金

　蔵王町に生まれた子どもを祝福し、子育てを支援するためお祝い金を支給する。町内に住んでいる間に生まれた子どもの数が1、2人なら5万円、3人以降なら45万円。定住要件あり。
問／子育て支援課 TEL0224-33-2122

乳幼児育児用品購入助成券

　蔵王町で出生した乳幼児を養育している保護者に対し、粉ミルクやおむつの購入券（1人当たり5万円分）を交付する。
問／子育て支援課 TEL0224-33-2122

任意予防接種助成

　中学3年生を対象にインフルエンザワクチンの無料接種を行う。また、6カ月〜中学2年生については、インフルエンザワクチンを1回1000円の自己負担で接種できる。おたふくかぜワクチンは満1歳〜3歳未満児を対象に1回1000円の自己負担で接種できる。
問／子育て支援課 TEL0224-33-2122

子育て支援センター

　地域福祉センター内にあり、子育て講座や子育て相談などを実施している。

●子育て相談（来所相談・電話相談）
　子どもの発育や、子育ての悩みなど育児について相談できる。
開／月〜金曜 9:00〜17:00（土・日曜、祝日、年末年始は休み）
問／TEL0224-33-2122
●ふれあい広場（自由開放）
　親子で自由に遊びながら過ごすことができる。
開／月〜金曜 9:30〜12:00、13:30〜16:00（土・日曜、祝日・年末年始は休み）
●子育て講座
　妊婦や、乳幼児とその保護者向けに、さまざまな講座を行っている。

児童館

　親子が自由に遊べる場所づくり、学童保育、子ども会育成会、母親クラブなどの活動支援を行う。
●放課後児童クラブ
　放課後、保護者が仕事などのため、昼間家庭にいない小学1〜6年生を対象に開設している。
開／放課後〜18:00（学校休業日は7:30〜18:00）
休／土・日曜、祝日、年末年始
●育児支援
　あそび場の提供や、子育てについての情報交換、仲間づくりを行う。
実施場所・問／
永野児童館 TEL0224-33-2010
円田児童館 TEL0224-33-2037
宮児童館 TEL0224-32-2003
遠刈田児童館 TEL0224-34-2204
平沢児童館 TEL0224-33-4177

母子手帳アプリ「ざおう子育てアプリ」

　妊娠から出産、育児までをフルサポートしてくれる子育て支援アプリ。
主な機能／子育てに関するイベント情報、予防接種管理、妊婦健診や乳幼児健診の記録、記念日や成長の記録
問／子育て支援課 TEL0224-33-2122

みんなで育てる七ヶ宿っ子

🕊 七ヶ宿町

〒989-0592
七ヶ宿町字関126
TEL0224-37-2111
人 口／1284人
世帯数／623世帯
面 積／263平方㌔。
(2021年10月31日現在)

期休業中に適切な遊びや生活の場を提供し、健全な育成を図ることを目的に開設している。

七ヶ宿放課後児童クラブの様子

対象／小学生
実施場所／開発センター (七ヶ宿町字関126)
休／土・日曜、祝日、12月29日〜1月3日
利用時間／放課後〜18:00
(学校休業日は8:30〜18:00)
問／教育委員会 TEL0224-37-2112

【主な子育て関連部署】
● 健康福祉課
TEL0224-37-2331
● 町民税務課
TEL0224-37-2114
● 教育委員会
TEL0224-37-2112
● 町ウェブサイト
https://town.shichikashuku.
miyagi.jp/

出生祝金

● 出産祝い金
七ヶ宿町在住6カ月〜1年未満の世帯に子どもが生まれたとき、町商品券を支給する。(第1子1万円、第2子2万円、第3子以降3万円)
● 子育て応援支援金
七ヶ宿町在住1年以上で定住を前提にする世帯に子どもが生まれたとき、第1子10万円、第2子15万円、第3子以降20万円の祝い金を支給する。また小中学校入学時にそれぞれ5〜15万円、高校入学時には10〜20万円を支給する。
基準日以降1年以内に転出したり退学などで在学しなくなったときは返還の対象となる。
問／町民税務課 TEL0224-37-2114

子ども医療費助成制度

通院・入院 (入院時食事代含む) とも18歳までの子どもを対象に医療機関で健康保険が適用される診療を受けた際の自己負担額を全額助成する。助成を受けるには子ども医療費受給資格登録申請が必要。
問／町民税務課 TEL0224-37-2114

妊娠中から子育てのことまで相談サービス

七ヶ宿町在住者に限り無料で、妊娠中から産後の悩み、育児中の質問や悩みをスマホの専用アプリを使い専門医などに相談できる。
問／健康福祉課 TEL0224-37-2331

妊婦健診交通費

妊婦健診1回ごとに交通費として2000円の助成を行っている。
問／健康福祉課 TEL0224-37-2331

子育て助成金

乳児の健やかな成長を支えるため、健診費用を助成している。また、紙おむつ購入費用として3歳までの間、月2000円の助成を行っている。
問／健康福祉課 TEL0224-37-2331

任意予防接種助成

おたふくかぜワクチン
…18歳まで全額助成 (申請が必要)
インフルエンザワクチン
…高校生まで (2021年度に限り) 無料
問／健康福祉課 TEL0224-37-2331

七ヶ宿放課後児童クラブ

保護者が就業などにより昼間、家庭にいない小学1〜6年生に対して、授業の終了後や長

タブレット端末授業の実施

小中学校でタブレット端末や電子黒板などの「ICT機器」を導入。1人1台のタブレット環境を生かし、毎日のドリル学習を積み重ねるなど基礎学力の向上に取り組んでいる。
問／教育委員会 TEL0224-37-2112

保育料・給食費完全無料化

生後11カ月から入所可能な七ヶ宿町関保育所は保育料が無料。また、小中学校の給食費も完全無料化している。
問／教育委員会 TEL0224-37-2112

スキー場無料リフト券付与

小中学校の児童生徒全員に「みやぎ蔵王七ヶ宿スキー場」のシーズン券を無料で付与する。
問／教育委員会 TEL0224-37-2112

オンライン学習支援

中学生の希望者を対象に、年間を通し、毎週土・日曜、英語力の向上と不得意科目の克服を目指し、オンラインを活用した学習支援を行っている。受講料は無料。
問／教育委員会 TEL0224-37-2112

支えあい、繋がりあい、
子どもとともに未来をつくる

大河原町

〒989-1295
大河原町字新南19
TEL0224-53-2111
人　口／2万3633人
世帯数／1万112世帯
面　積／24.99平方㌖。
（2021年10月31日現在）

【主な子育て関連部署】
●子ども家庭課
　TEL0224-53-2251
●健康推進課
　TEL0224-51-8623
●教委教育総務課
　TEL0224-53-2742
●教委生涯学習課
　TEL0224-53-2758
●社会福祉協議会
　TEL0224-53-0294

子育て支援センター

　子育てに関する相談や、子育てサークルの支援、子育て情報の提供などを行う。
対象／主に就学前の乳幼児とその保護者
開／月～土曜 9:30～12:00、13:30～16:30
休／日曜、祝日、年末年始
問／世代交流いきいきプラザ内
　　子育て支援センター
　　TEL0224-51-9297
●「みらいのひろば」の自由開放
　子育て中の保護者や子どもが気軽に集える。
開／月～土曜 9:30～12:00、13:30～16:00
休／日曜、祝日、年末年始
●乳幼児子育てLINE相談
　育児の悩みや不安、困っていることなどを匿名で相談できる。

受付時間／月～金曜9:30～12:00、13:00～
　　　　　16:00
●子育て相談
　子どもの成長やしつけについて、遊び場や保育所のことなど気軽に相談できる。

実施場所・問／
子育て支援センター TEL0224-51-9297
桜保育所　　　　　 TEL0224-52-6613
上谷児童館　　　　 TEL0224-53-3089
児童センター　　　 TEL0224-52-9877
実施日時／月～金曜 9:00～17:00

子ども医療費助成制度

　通院・入院とも18歳までの子どもを対象に医療機関で健康保険が適用される診療を受けた際の自己負担額を全額助成。助成を受けるには子ども医療費受給資格登録申請が必要。
問／子ども家庭課 TEL0224-53-2251

ブックスタート

　4カ月児・1歳6カ月児健診時にお祝いメッセージと絵本を贈る。
問／社会福祉協議会 TEL0224-53-0294

出生祝い金

　第3子以降の子どもが生まれた家庭へ出生祝い金として子ども一人につき10万円を支給。
問／子ども家庭課 TEL0224-53-2251

駅前図書館の取り組み

　駅前図書館の分館として人気の「絵本と学びのへや」は、絵本エリアと学びエリアに分かれ防音ガラスで仕切られているので、親子で読み聞かせもゆったり楽しめる。授乳・オムツ換えスペースもあり。学びエリアには多彩

な科目を取りそろえる「放送大学宮城学習センター大河原視聴学習室」も開所している。
●お話し会
　ボランティアと司書による絵本や紙芝居の読み聞かせ、手遊びなどを楽しむ。
実施日時／第2土曜11:00～11:30
対象／どなたでも
●プラネタリウムおおがわら星空さんぽ
　当日の星空の上映と解説があり、星や星座のお話をする。
実施日時／第4土曜11:00～11:30
問／駅前図書館 TEL0224・51・3330

おおがわら子育てアプリ

　妊娠期から子育て期の世帯への情報提供を行う子育て支援アプリ。予防接種管理や成長記録管理ができる。
利用料／無料
問／子ども家庭課 TEL0224-53-2251

ファミリー・サポート・センター事業

　育児などの援助を受けたい人（依頼会員）と行いたい人（提供会員）からなる会員制の組織。保険加入。子どもの預かりや、保育施設などへの送迎の際に利用できる。
①会員になれる方
依頼会員／大河原町に住所を有し、生後6カ月から小学校6年生の子どもと同居している人
提供会員／大河原町に住所を有し、20歳以上でセンターが実施する講習を修了した人
②利用料金
　託児終了後、利用会員から協力会員に直接利用料金を支払う。（ひとり親家庭・非課税世帯などに利用料金の補助制度あり）
料金／7:00～19:00の間で1時間当たり一人600円。土・日曜、祝日、上記の時間外は700円。
問／ファミリー・サポートセンター
　　TEL0224-51-9960

こどもたちの声ひびき
元気な笑顔が集うまち

村田町

〒989-1392
村田町大字村田字迫6
TEL0224-83-2111
人　口／1万451人
世帯数／4047世帯
面　積／78.38平方㌔。
(2021年10月1日現在)

【主な子育て関連部署】
● 子育て支援課
　TEL0224-83-6405
● 町民生活課
　TEL0224-83-6401
● 健康福祉課
　TEL0224-83-6402
● 教育委員会
　TEL0224-83-2037
● 児童館・子育て支援センター
　TEL0224-83-3901

子育て支援センター

子育てに関する相談や、子育てサークルの支援、子育て情報の提供、親子で楽しむイベントなどを行っている。ままごとなどのおもちゃがある畳の部屋、鉄棒や滑り台・乗り物

大きなアンパンマンがお出迎え

「わんわんサークル」消防署見学

のあるプレイルーム、絵本コーナーと赤ちゃんも遊べるホールの3部屋と屋外の砂場や遊具でも自由に遊べる。有料で　時預かりも行っている。
対象／未就学児とその家族
開／月～金曜 9:00～17:00
利用料／無料
休／土・日曜、祝日、年末年始
場所／村田町児童館
　　　（村田町大字村田字大槻下5 多世代交流センター内）
● 子育て支援行事
　イベントのスケジュールは町ウェブサイト「子育てカレンダー」に毎月掲載している。
http://www.town.murata.miyagi.jp/kosodate/kosodate_shien/yotei/index.html
問／子育て支援センター
　　TEL0224-83-3901

すこやか出生祝金

出生後最初の住民登録を村田町にした子どもの保護者（6カ月以上村田町に居住している方に限る）に祝金を支給する。
問／子育て支援課 TEL0224-83-6405

育児スターターキット・紙おむつ券支給

出生後最初の住民登録を村田町にした子どもの保護者を対象に、誕生してすぐに使える用品を箱いっぱいに詰め込んだ「すくすくくらりんボックス」を贈呈する。2つめ以降の育児スターターキット支給対象者は、町内取扱店で使用できる「紙おむつ券」を選択することができる。
問／子育て支援課 TEL0224-83-6405

すくすく くらりんボックス

出産育児一時金

国民健康保険の加入者の方が出産する場合、出生児一人につき42万円が支給される。退職後6カ月以内の出産で、以前の健康保険などから同様の給付を受けられる場合は適用外となる。
問／町民生活課 TEL0224-83-6401

子育て支援ゴミ袋支給

子育て家庭の経済的負担を少しでも軽減できるよう、子どもの紙おむつなどの処理に使用する指定ごみ袋（Lサイズ60枚）を支給する。
問／子育て支援課 TEL0224-83-6405

親子ふれあいブックスタート

4カ月児健康診査を受診する保護者に対して乳児を対象とした絵本を贈呈する。
問／子育て支援課 TEL0224-83-6405

第3子以降保育料等助成事業

多子世帯の子育て家庭の経済的負担の軽減を図ることを目的に、第3子以降の児童に係る保育料などを月額最大5000円助成する。
問／子育て支援課 TEL0224-83-6405

みんなで育てよう・きらりと光るしばたの子

柴田町

〒989-1692
柴田町船岡中央2-3-45
TEL0224-55-2111
人　口／3万7409人
世帯数／1万6125世帯
面　積／54.03平方㌔
(2021年9月30日現在)

【主な子育て関連部署】
●子ども家庭課
　TEL0224-55-2115
●健康推進課
　TEL0224-55-2160
●福祉課
　TEL0224-55-5010
●教委教育総務課
　TEL0224-55-2134
●教委生涯学習課
　TEL0224-55-2135

子育て支援センター

預かり中に読み聞かせをする様子

　船迫こどもセンター内にあり、子育て講座や子育て相談などを実施している。
開／月～土曜8:30～17:00
対象／就学前の子どもとその保護者
所在地／柴田町大字船岡字若葉町10-16
問／船迫こどもセンター
　　TEL0224-55-5541

支援センターでの親子遊び

ファミリー・サポート・センター事業

子育ての援助を受けたい人（利用会員）と行いたい人（協力会員）からなる会員制の組織。保険加入。次のようなときに利用できる。
・子どもの預かり
・保育施設などへの送迎
①会員になれる方
利用会員／柴田町に住所を有し、生後6カ月
　　　　　から小学校6年生の子どもと同
　　　　　居している人
協力会員／柴田町に住所を有し、20歳以上
　　　　　でセンターが実施する講習を修
　　　　　了した人
②利用料金
　託児終了後、利用会員から協力会員に直接利用料金を支払う。
料金／7:00～19:00の間で1時間当たり一人
　　　600円。土・日曜、祝日、年末年始、上
　　　記の時間外は700円。
問／ファミリー・サポート・センター
　　TEL0224-87-7871

ブックスタート

①絵本と赤ちゃんの初めての出会いを応援するため、4カ月児健康診査時に絵本をプレゼント。
問／柴田町図書館
　　TEL0224-86-3820

②親子に絵本を通して絆を深めてもらうため
　1歳6カ月児健康診査で民生委員より絵本をプレゼント。
問／柴田町社会福祉協議会
　　TEL0224-58-1771

ゆとりの育児支援事業

　保護者の緊急時などに対応するため、保育所の機能を生かして育児支援を行う。
●特定保育
　保護者の就労、職業訓練、就学などにより、週2、3日以内の範囲で家庭での保育ができない児童を預かる。
●一時保育
　保護者の傷病、災害、出産、介護などにより緊急に家庭で保育ができない場合、1週間程度児童を預かる。または月2、3日程度児童を預かる。
対象／柴田町在住で保育所や幼稚園に在籍
　　　していない満10カ月～小学校就学前
　　　までの児童
開／月～金曜 8:30～15:30
利用料／一人当たり日額1100円（給食費別）
実施場所・問／
船岡保育所 TEL0224-55-1253
槻木保育所 TEL0224-56-1332
西船迫保育所 TEL0224-57-1387

育児ヘルプサービス事業

　育児や家事などの支援を必要とする家庭にホームヘルパーを派遣する。
対象／町内に居住する出産予定日4週間前
　　　（28日）～産後8週（56日）以内の妊
　　　産婦で、昼間に家事などの介助をして
　　　くれる者がいない、または多胎で出産
　　　する（出産した）妊産婦
サービス内容／育児支援、居室の清掃など
利用料／1時間当たり600円
　　　　（世帯の課税状況により減額あり）
問・申し込み／
子ども家庭課 TEL0224-55-2115

子どもは、希望の星・みんなの宝もの

川崎町

〒989-1501
川崎町大字前川字裏丁175-1
TEL0224-84-2111
人　口／8461人
世帯数／3412世帯
面　積／270.77平方㌔
（2021年10月31日現在）

【主な子育て関連部署】
●幼児教育課 TEL0224-84-5247
　・子育て支援センター
　・かわさきこども園
　・富岡幼稚園
●保健福祉課 TEL0224-84-6008
　・子育て世代包括支援センター
●学務課 TEL0224-84-2308
　・小学校・中学校

子育て支援センター
（幼児教育課）

　乳幼児やその保護者を対象に、かわさきこども園に併設された施設で、親子一緒の遊び、育児講座、子育て相談、一時預かりを行い、楽しく安心して子育てできる環境を提供する。

●わんぱく広場（0歳児ひよこクラス、1〜5歳児うさぎクラス、0〜5歳児全クラス）
　・専任保育教諭がさまざまな遊びを準備
　・開催／各広場月2回程度 10:00〜11:30

●ふれあい広場
　・施設を活用した親子での自由な遊び
　・開催／月20回程度
　　9:00〜11:30、14:30〜16:30
●わくわく広場
　・こども園や幼稚園の施設見学と交流活動
　・開催／年4回程度 10:00〜11:00
●育児講座
　・外部から講師を招いてのイベント開催
　・講座開催（例）
　　食育の会、ベビーマッサージ、親子ヨガ、運動遊びなど
　・開催／月2回程度 10:00〜11:30

わんぱく広場（親子制作遊び）

※これら五つの年間活動予定を記載した「子育て支援カレンダー」を町ウェブサイトに掲載

●一時預かり
　対象児／次の条件を全て満たす乳幼児
　　①生後10カ月以上 ②町内在住
　　③未入園児
　利用理由／保護者の就労、出産など
　利用料／1日700円〜1500円※年齢や預かる時間によって異なる
　利用時間／月〜金曜8:00〜16:00

子育て世代包括支援センター
（保健福祉課）

　2020年4月に「子育て総合相談窓口」を開設。妊娠、出産、乳幼児期から学童期・思春期までの子育て時期にある人の、育児や家族関係の心配や悩み、諸手続きなどについて、保健師などの専門スタッフが面接や電話で相談に応じる。
●川崎町の取り組みの特徴
　・相談内容に応じて必要な関係機関に連絡を取り、協力して取り組む
　・地区を担当する保健師が、顔の見える関係を大切にしながら、出産前から長く切れ目なく支援する

落ち着いた雰囲気の中での相談

子育て支援 **県内トップクラス！**

〈出産時〉
●健やか誕生祝い金（保健福祉課）
　子どもが誕生したときに、祝い金・町商品券を支給する。
　・第1子、第2子…祝い金5万円、町商品券5万円
　・第3子以降…祝い金30万円、町商品券5万円
〈乳児〉
●乳幼児応援助成券支給（保健福祉課）
　紙おむつやミルクなどの購入を助成する。
　・出生から1年間、毎月1万円、年間で12万円

を支給
〈誕生から18歳まで〉
●子ども医療費助成事業（保健福祉課）
　18歳の年度末まで、医療費を助成する。
　・健康保険適用分を助成
　　※ただし、入院中の食事療養費は半額助成
〈小・中学生〉
●児童教室（放課後児童クラブ）（幼児教育課）
　町内全ての小学校に、児童教室を設置している。
　・利用料／月額2000円、おやつ代月1500円
　・兄弟姉妹で在籍時の利用料／
　　2人目半額、3人目以降無料

※新型コロナウイルス感染症に伴う2020年3〜5月の小中学校の臨時休業期間中も、通常どおり児童の受け入れを実施
●学校給食軽減事業（学務課）
　小・中学生の給食費を助成する。
　・兄弟姉妹で小・中学校のいずれかに在学時の給食費が2人目以降無料
〈新たな命の誕生を望む方〉
●特定不妊治療費助成事業（保健福祉課）
　不妊治療を受けている方を対象に治療費を助成する。
　・上限10万円を支給

体育館・武道場・総合運動場・プールがご利用いただけます

川崎町B&G海洋センター

川崎町総合型スポーツクラブ「運動笑楽校」
B&G海洋センター内で設立。子どもから大人まで町民がスポーツに親しみ自ら実践し、体力づくりや生活習慣病の予防を目的とした健康づくりをとおし、地域交流の普及と振興、育成に関する事業を行います。幼児・小学生・成人会員がスポーツでハッスルします。

利用時間　月曜日〜土曜日 午前9時〜午後9時
　　　　　日曜日 午前9時〜午後5時
休館日　日曜日の夜間　年末年始

利用方法・料金など詳細に関してはお気軽にお問い合せください
川崎町大字川内字北川原山92　TEL0224-84-2277　FAX0224-86-5508

みやぎ川崎SPRING

移住・定住情報
起業支援情報
川崎町の魅力発信

所在地／川崎町大字川内字北川原山238-7
営／火〜日曜 10:00〜17:00
休館日／月曜（祝日の場合は翌営業日）、お盆、年末年始
利用料金／基本無料 ※移住相談以外のご利用には会員登録が必要です

TEL0224-51-8789

75

水とみどりの輝くまち

丸森町

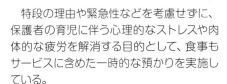

〒981-2192
丸森町字鳥屋120
TEL0224-72-2111
人　口/1万2585人
世帯数/4980世帯
面　積/273.3平方㌖。
(2021年11月1日現在)

【主な子育て関連部署】
● 子育て定住推進課
　TEL0224-72-3013
● 保健福祉課
　TEL0224-72-3014
● 教委学校教育課
　TEL0224-72-3035
● 教委生涯学習課
　TEL0224-72-3036
● 丸森たんぽぽ子育て支援センター
　TEL0224-86-4423
● 丸森ひまわり子育て支援センター
　TEL0224-87-8985

子育て支援センター

　保護者が抱える子育てへの不安を解消するために育児相談や情報交換の場として開放していて、子どもの遊び場や保護者の休息などに利用できる。
開/月〜金曜9:30〜16:00
実施場所・問/
丸森たんぽぽこども園 TEL0224-86-4423
丸森ひまわりこども園 TEL0224-87-8985

子どもたちがのびのび遊ぶ様子

▶夏のプールで水遊び

一時保育事業

　特段の理由や緊急性などを考慮せずに、保護者の育児に伴う心理的なストレスや肉体的な疲労を解消する目的として、食事もサービスに含めた一時的な預かりを実施している。
利用日時/月〜土曜7:30〜18:00
実施場所・問/
丸森たんぽぽこども園 TEL0224-86-4336
丸森ひまわりこども園 TEL0224-87-6466

病後児保育事業

　入院や出産などのやむを得ない事情が発生した場合において、風邪などの症状や病気からの回復途中で静養の必要がある子どもに、看護師などの専門スタッフが子どもの症状にあった保育や食事の提供などを行う。
利用日時/月〜令曜8:00〜18:00
実施場所・問/
丸森たんぽぽこども園 TEL0224-86-4336

第2子以降保育料無料化

　保育所や認定こども園などを利用する子どもが第2子以降の場合において、保育料や副食費を無料化し、育児の経済的な負担を軽減する。
問/子育て定住推進課 TEL0224-72-3013

子ども医療費助成

　通院・入院など医療機関での健康保険外の自己負担額が発生する場合において、18歳までの子どもを対象に自己負担額を全額助成し、医療費の負担を軽減する。
問/保健福祉課 TEL0224-72-3014

ブックスタート事業

　絵本の読み聞かせを通じて親子の絆を育むことを目的として、乳幼児健診時に絵本の読み聞かせを行う他、絵本とメッセージカードをプレゼントする。
問/社会福祉協議会 TEL0224-72-2241

しあわせ丸森暮らし
応援事業補助金

　15歳までの子どもがいる世帯やこれから子どもの出生を予定している45歳までの夫婦に対して、住宅リフォーム資金などを助成する。
● 新築住宅取得（最大310万円）
● 住宅リフォーム支援（最大120万円）
● 民間賃貸住宅家賃助成（最大17万円）
問/子育て定住推進課 TEL0224-51-9905

若者定住促進住宅

まるもりすくすくナビ

　予防接種管理や成長記録管理が行えるとともに、妊娠期から子育て期の世帯への情報提供を行うアプリを運用している。
問/保健福祉課 TEL0224-72-3014

石巻
エリア
子育て行政サービス

ご近所で運動！

※アイコンの説明

無料駐車場あり（ない場合グレー）　雨天利用可（不可、推奨しない場合グレー）

🌳 セイホクパーク石巻（石巻市総合運動公園）🌳

未就学児と児童向け 2エリアあるこども広場

ファミリーでにぎわうわんぱくエリア

東京ドーム約3個分もの広大な敷地にフットボール場や市民球場、テニスコート、トレーニングセンターなどを備える。「こども広場」は未就学児向けの「のびのびエリア」と、児童向けの「わんぱくエリア」の2エリアに分かれている。のびのびエリアには体力やバランス感覚を育む遊具がそろい、遊具周辺はゴムチップ舗装がされて安心だ。わんぱくエリアにはロープで作った最高11㍍の山「ザイルクライミング」4基、スライダーなどの大型遊具がある。

経験できる動き

 体のバランスを取る　 体を移動する　 用具などを操作する

📋DATA
石巻市南境字新小堤18（管理事務所）
TEL0225-22-9111
開／入園自由（施設によっては要予約）
休／無休
料金／無料（施設によって有料）

つかまり立ちをする頃にぴったり

上手にバランスを取って渡ろう

未就学児に人気 ローラー滑り台付き複合遊具

🌳 あゆみ野近隣公園 🌳

住宅街にありながら敷地面積は約2万6500平方㍍と広く、遊具で遊ぶ、走る、ボールを蹴るなど存分に体を動かせる。未就学児に人気なのが、ゆるやかな傾斜のローラー滑り台付き複合遊具。遊具広場には小学生向けのレールウエイ、クライムステーション、ツイストモックを設置している。子どもも大人も使える健康遊具、1周500㍍のジョギングコースもある。駐車場を完備しているほか、最寄リのJR仙石線石巻あゆみ野駅からは徒歩約15分とアクセス抜群だ。

ゆったりと遊具が配置されている

経験できる動き

 体のバランスを取る　体を移動する　用具などを操作する

📋DATA
石巻市蛇田西沼田49
問／石巻市都市計画課　TEL0225-95-1111
開／入園自由
休／無休
料金／無料

楽しみながら全身運動ができる

複合遊具のローラー滑り台

県立都市公園 矢本海浜緑地（ガス＆ライフ矢本海浜緑地）

いろいろな形の滑り台が人気

東日本大震災の津波で大きな被害を受け、移転再整備して2019年に開園。「芝生広場」では走ったりボールを蹴ったり自由に体を動かせる。「遊具広場」には未就学児向けと児童向けの2種の複合遊具があり、どちらも飛行機をモチーフにしている。児童用複合遊具にはスモークでハートを描いているようなブルーインパルス風の飾りが付いて格好いい。さっそうと風を切るターザンロープ、夏は地面から水が出る「じゃぶじゃぶ広場」が人気。

経験できる動き

DATA
東松島市みそら1-1
問／管理事務所　TEL0225-82-9472
開／入園自由
休／12月29日〜1月3日
料金／無料

夏は地面から出る水で遊ぼう

思い思いに過ごせる芝生広場

女川総合運動公園 フィールドアスレチック・ちびっこ広場

木製遊具活用して全身運動
自然を満喫しながら

土地の傾斜や恵まれた自然を生かして、さまざまな木製遊具を配置している。特に人気なのが、全長100㍍ものローラー滑り台。風を切って滑る爽快感を満喫しよう。ちびっこ広場にある木製の幼児用コンビネーションは、滑り台やトンネル、つり橋などがあり全身運動にぴったり。パンダのキャラクターが付いたシーソーは、レトロなデザインがかわいらしい。広い園内には幼児が遊べるスペースを備える総合体育館、人工芝の多目的運動場などもある。

幼児用コンビネーション。奥にあるのはローラー滑り台

さるわたりは腕力も必要

バランスを保ってネットのぼり平均台に挑戦

経験できる動き

DATA
女川町女川浜字大原606
TEL0225-53-3151
開／入園自由
休／無休
料金／団体での利用は別途申請が必要

スマイル子育て・石巻
～子どもの笑顔・育てる喜びあふれるまち～

石巻市

〒986-8501
石巻市穀町14-1
TEL0225-95-1111
人　口／13万9136人
世帯数／6万1996世帯
面　積／554.58平方㌔
（2021年9月30日現在）

手作りおもちゃが大活躍

【主な子育て関連部署】
●子育て支援課・子ども保育課・
　健康推進課・保険年金課
　TEL0225-95-1111

石巻市子育て世代包括支援
センター「いっしょ issyo」

　妊娠期から子育て中の方を対象とした総合窓口で、妊娠、出産、子育てに関するさまざまな相談や情報提供を行っている。
問／子育て支援課相談直通
　　TEL0225-24-6848
　　いっしょ issyoへびた
　　TEL0225-24-6878
　　いっしょ issyoえきまえ
　　TEL0225-98-4158

助産師による産前産後・心とからだのトータルケア・妊産婦相談

　妊婦およびその家族を対象とした講座。妊娠、出産、子育てに関する知識が得られる。また、個別に妊娠中や産後の母乳栄養や育児について助産師が相談に応じる。1人1時間程度で要予約。
問／子育て世代包括支援センター
　　いっしょ issyoえきまえ
　　TEL0225-98-4158

育児ヘルパー事業

　「家事・育児が大変で余裕が持てない」「産後、手伝ってくれる人がいない」等の家庭に対して育児ヘルパーを派遣し、育児や家事の

手伝いを一緒に行う。
対象者／市内に住所を有し、妊娠中（母子健康手帳の交付を受けた方）および産後で、出産前後に日中家事や育児を手伝ってくれる人がいない方
期間／母子健康手帳交付後から産後6カ月の前日まで
回数／原則20回以内
　　　（多胎児の場合30回以内）
問／子育て支援課
　　TEL0225-95-1111（内線2554）

市子育て支援センター

サツマイモ掘りなどイベントを開催

　未就学児が安心して遊べるスペースが市内各地にある。子育て中の親子が集い、仲間づくりを通して子育てに関する相談や情報交換などが行える。子どもの年齢に応じたイベントもあり、スケジュールは市ウェブサイトで随時公開している。
対象者／未就学児とその保護者（イベントにより異なる）
申し込みできる人／対象となる本人
利用料／無料（イベントなどで費用が必要になる場合がある）
申し込み／不要（イベントによっては必要な場合がある）

●湊子育て支援センター
　TEL0225-94-2366
●渡波子育て支援センター
　TEL0225-25-0567
●河北子育て支援センター
　TEL0225-61-1601
●雄勝子育て支援センター
　TEL0225-25-6331
●河南子育て支援センター
　TEL0225-72-4670
●桃生子育て支援センター
　TEL0225-76-4521
●北上子育て支援センター
　TEL0225-66-2177

●牡鹿子育て支援センター
　TEL0225-45-2197
●釜子育て支援センター
　TEL0225-24-6113
●なかよし保育園地域子育て
　支援センター
　TEL0225-96-4551
●マタニティ子育てひろば
　スマイル
　TEL0225-98-5322
●にじいろひろば
　TEL070-1142-9332

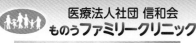

みんなで仲良く出発進行

いる。

3歳未満の子どもがいる市民で希望する場合は、市役所2階の健康推進課19番窓口または各総合支所の保健福祉課窓口へ。市のウェブサイトからもダウンロードできる。
問／健康推進課
　　TEL0225-95-1111（内線2426）

子育て応援アプリ「ISHIMO」（イシモ）

子育て世代の妊娠、出産、育児をサポートするため、子育て応援アプリ「ISHIMO」の運用を行っている。

子育て世代に必要な情報を伝える新たな情報発信手段として導入したもので、無料で利用できる。母子手帳アプリ「母子モ」をダウンロードして、自治体は「石巻」を選ぶ。家族でぜひ、活用しよう。
https://www.mchh.jp/login
問／子育て支援課
　　TEL0225-95-1111（内線2553）

特定不妊治療費助成事業

不妊治療を受ける夫婦の経済的な負担の軽減を図るため、特定不妊治療（体外受精または顕微授精、男性不妊治療）に要する費用の一部を助成する。
問／健康推進課
　　TEL0225-95-1111（内線2422）

妊婦歯科健康診査事業

妊娠中に指定歯科医療機関で、無料で歯科健診を1回受けられる。

妊娠期はつわりによる不十分な歯みがき、女性ホルモンの変化等により、むし歯や歯周病になりやすい。重度の歯周病は早産や低体重児出生に影響を及ぼすといわれている。

赤ちゃんが生まれると自分のための時間をつくることが難しくなるため、ぜひこの機会に受診しよう。妊婦歯科健康診査は、安定期の体調の良いときに受診を。
対象者／市内に住所を有し、妊婦歯科健康診査受診券の交付を受けている妊婦
実施場所／指定歯科医療機関
　　　　※指定歯科医療機関に直接電話
　　　　　予約後、受診する
問／健康推進課
　　TEL0225-95-1111（内線2417）

子育て応援サイト「石巻市子育てタウン」

子育てに関する行政サービス情報を探しやすく、分かりやすく紹介するウェブサイト。子育ての情報集めに活用を。
https://ishinomaki-city.mamafre.jp
問／子育て支援課
　　TEL0225-95-1111（内線2553）

石巻市父子手帖（てちょう）

これから子どもを持つ父親に向けた子育て手帳。夫婦で楽しく子育てできるヒントがいっぱい。母子健康手帳交付時に配布して

子ども医療費助成制度

0歳〜中学3年生の子どもの医療費を助成する。2022年4月から助成対象年齢を18歳到達年度末日まで拡大する。
問／保険年金課
　　TEL0225-95-1111（内線2342）

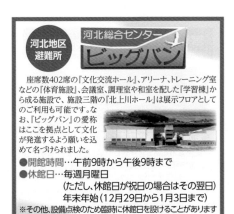

笑顔がイート 子育てイ〜ナ
ひがしまつしま

東松島市

〒981-0503
東松島市矢本字上河戸36-1
TEL0225-82-1111
人　口／3万9349人
世帯数／1万6383世帯
面　積／101.36平方㌔
（2021年11月1日現在）

【主な子育て関連部署】
●子育て支援課・健康推進課
　TEL0225-82-1111

子育て支援ガイドブック

市のマスコットキャラクターが描かれたかわいい表紙

　妊娠時から18歳未満までの子育て関連情報を分かりやすく掲載した子育て支援ガイドブック。

　矢本および鳴瀬子育て支援センター、図書館、市役所本庁舎（子育て支援課、健康推進課）および鳴瀬総合支所の窓口などに設置している。

　ガイドブックは東松島市と共同発行の協定を締結した「サイネックス」（本社／大阪市）が募集した市内の事業所などからの広告収入で製作した。

　右記QRを読み込むと電子書籍版が閲覧できる。別途アプリのダウンロードが必要。
問／子育て支援課
　　TEL0225-82-1111

ICTを活用したさまざまなサービス

●子育て支援アプリ
「すくすくアプリひがマーチ」
　妊娠期から子どもの成長を記録し、東松島市の子育て情報の検索・通知の受け取り、予防接種スケジュール管理などができる便利な機能が充実したアプリ。登録は無料だが通信料は利用者負担。アプリのダウンロードは下記QRから。

●YouTube「イートくんチャンネル」
　東松島市のキャラクター「イートくん」が、離乳食の進め方やイヤイヤ期への対応などをわかりやすく紹介している。視聴は下記QRから。チャンネル登録しよう。

●クックパッド「ヒガマツ大学食育学部」
　レシピ検索サイト「クックパッド」で東松島

市産食材を使った離乳食レシピなどを公開している。レシピは下記QRから。

問／健康推進課 TEL0225-82-1111

出産・育児相談

　出産や子育て、子どもやお母さんの体調、不安に思っていることなどは、保健師や栄養士に相談。「妊産婦・子どもの健康相談」「子どもの心理相談会」を定期的に開催している。日程は市報で確認。
問／子育て世代包括支援センター
　　（健康推進課内）
　　TEL0225-82-1111

産前産後ヘルパー事業

　妊娠中・出産後、何らかの事情により、日中に家族の支援が受けられず、家事や育児が困難な家庭にヘルパーを派遣し、育児や家事の支援をするサービス。子育て世代包括支援センターに利用申請する。
対象／東松島市に住所を有し、妊娠中（母子健康手帳の交付を受けた方）および産後で、出産前後に日中家事や育児を手伝ってくれる方がいない方
支援内容／日常的に行う必要がある家事と育児
期間／母子健康手帳交付後から産後6カ月の前日まで
回数／20回以内、1日2回以内、1回2時間まで
利用時間／月〜金曜（祝日、年末年始除く）の9:00〜17:00
利用料／1時間当たり300円（所得により減額あり）
問／子育て世代包括支援センター
　　（健康推進課内）
　　TEL0225-82-1111

ファミリーサポート事業

家族が仕事や用事で子どもを見ることや送迎ができない場合、地域ぐるみで行う子育て支援活動。子育ての支援を受けたい人と、支援できる人がそれぞれ会員登録し、相互の信頼関係のもとに、子どもを預けたり預かったりする。

対象／
●依頼会員…東松島市に在住か、東松島市内の事業所などに勤務し、子どもを預かってほしい方。生後2カ月から小学6年生までの子どもがいる方
●提供会員…東松島市に在住で子どもを預かることのできる方。心身ともに健康な20歳以上で、安全に子どもを預かることができる方（事務局が主催する講習会を受講することが必要）

※依頼会員と提供会員の両方に登録することもできる

ファミリーサポート事業を上手に活用しよう

※会員になるためには、ファミリーサポートセンター（矢本子育て支援センターほっとふる内）で入会申し込みをする

利用法／
●育児援助が必要なとき、依頼会員の就業や私用により子どもを預かってほしいとき、リフレッシュしたいとき

具体例／
1.保育所、幼稚園および学童保育への送迎
2.保育所、幼稚園および学童保育終了後の子どもの預かり
3.幼稚園および学校の夏休みなどの子どもの預かり
4.保護者の急病や急用などの場合の子どもの預かり
5.冠婚葬祭や他の子どもの学校行事の際の子どもの預かり
など。

利用時間／7:00～21:00の援助を必要とする時間。宿泊は不可
　　※ただし、依頼会員と提供会員の合意があれば、上記以外の時間帯の援助活動も可。この場合の報酬は1時間当たり700円

1時間当たりの費用／
●月～金曜7:00～19:00…600円
●月～金曜19:00～21:00…700円

●土・日曜、祝日、年末年始
（12月29日～1月3日）…700円
※1時間を越える場合は30分単位で計算
※子どもの送迎にかかる費用、おやつなどは実費で別途依頼会員の負担
※2人以上の子ども（きょうだいの場合に限る）に支援を受ける場合の2人目以降の報酬は、1時間当たり報酬額の2分の1

支払い法／児童の引き取りの都度、依頼会員は提供会員に報酬を支払う
問／矢本子育て支援センターほっとふる
　　TEL0225-84-2676

一時保育事業

保育所では、保護者の疾病、冠婚葬祭、看病介護などにより一時的に保育が必要な児童を対象とした一時保育を行っている。

利用時間／8:30～16:30（日曜、祝日を除く）
利用料／●2歳児以下　4時間以上4000円
　　　　　　　　　　4時間未満2000円
　　　　●3歳児以上　4時間以上2000円
　　　　　　　　　　4時間未満1000円
※保育所の都合などにより、対応できない場合がある
問／子育て支援課 TEL0225-82-1111

子育て支援センター

子育てのさまざまな相談ができる。また、子どもがのびのびと遊べ、親子や子ども同士で触れ合える。

●矢本子育て支援センター ほっとふる
TEL0225-84-2676

●鳴瀬子育て支援センター あいあい
TEL0225-87-2338

▲砂場遊び
▼みんなで遊ぼう

▲窓が多く明るい空間

▲さまざまな遊具がそろう

▲ママと遊ぼう

子どもの声がこだまする
笑顔あふれるまちづくり

女川町

〒986-2265
女川町女川1-1-1
TEL0225-54-3131
人　口／5968人
世帯数／3033世帯
面　積／65.35平方㌔
（2021年10月31日現在）

【主な子育て関連部署】
●健康福祉課
　TEL0225-54-3131
●保健センター
　TEL0225-53-4990
●子育て世代包括支援センター
　TEL0225-24-9341
【町の病児病後児保育室】
●「じょっこ おながわ」
　TEL0225-53-5511

子育て世代包括支援センター

　保健師等専門職員が医療機関や子育て支援機関と連携し、妊娠期から子育て期までのさまざまな相談や悩みに対応する。各種サービスの紹介等必要な情報提供も行っている。
問／健康福祉課子育て支援センター内
　　TEL0225-24-9341

おながわすくすくナビ（母子手帳アプリ）

　専用アプリを導入し、妊娠から出産、育児まで子育ての支援情報を発信している。登録無料。アプリのダウンロードはこちら。
問／健康福祉課
　　TEL0225-54-3131

子育て支援センター

　子育てに関する相談や地域情報の提供、子育てサークルへの支援や、各種子育て支援の講習会、一時預かり事業などを実施している。

子育て支援センターのフリースペース

場所／町役場庁舎1階
日時／月〜金曜9:00〜17:00
　　　（自由開放で来所の場合は16:30まで）
休／土・日曜、祝日、年末年始
利用料／無料（事業によっては有料）
問／健康福祉課
　　TEL0225-54-3131

産後ケア事業

　出産や育児による体の疲れや育児不安を減らし、安心して子育てができるように実施している。
対象／女川町に住所があり、体調や育児などに不安がある方
種類／訪問型：1回につき2時間程度。産後1年未満の期間内に3回まで利用可
　　　デイサービス型：10:00〜15:00。産後5カ月未満の期間内に1回利用可
内容／健康状態の確認、乳房ケアを含む授乳アドバイス、育児相談、お子さんの発達発育状態の確認
利用料金／1回につき2000円
　　　　　※町県民税非課税世帯は1000円、
　　　　　　生活保護世帯は無料
問／健康福祉課 TEL0225-54-3131

病児病後児保育室「じょっこ おながわ」

　保護者の子育てと就労の両立を支援する

ため、病気中または回復期にある子どもを一時的に保育する。
　利用するには、事前に登録が必要。
対象／
・おおむね小学3年生以下の子ども
・町内に住所を有する子ども
・町内に勤務先を有する保護者の子ども
・町内に住所を有しないが、町内の保育所または小学校に在籍する子ども
利用時間／8:30〜17:00
休／土・日曜、祝日、年末年始
定員／6人
問／女川町地域医療センター
　　病児病後児保育室「じょっこ おながわ」
　　TEL0225-53-5511

子ども医療費助成

　出生から18歳到達年度まで、健康保険適用となる医療費ならびに入院時に負担する食事療養費について助成している。保護者の所得による助成の制限はない。
問／健康福祉課 TEL0225-54-3131

母子父子家庭医療費助成

　18歳到達年度までの子どもを持つ一人親世帯の経済的負担軽減を図るため、健康保険適用となる医療費と入院時に負担する食事療養費の一部を助成している。所得による助成の制限はない。
助成内容／
外来…1件につき1000円を超えた自己負担額
入院…1件につき2000円を超えた自己負担額
問／健康福祉課 TEL0225-54-3131

「輝望（きぼう）の椅子」事業

　女川町産杉材で制作した子ども用の椅子（名前、生年月日入り）をプレゼントする。
対象／女川町に住民票を有し、2014年4月1日以降生まれの子ども
問／産業振興課 TEL0225-54-3131

気仙沼エリア

子育て行政サービス

※アイコンの説明

無料駐車場あり（ない場合グレー）　雨天利用可（不可、推奨しない場合グレー）

トランポリンパーク F-BOX（エフ ボックス）

ウォールトランポリンでどこまでジャンプできるか挑戦

遊びながら体幹が鍛えられ、空中感覚が磨かれるトランポリンは、子どもの運動能力を伸ばすのにぴったりだ。約10㍍のロングトランポリンでは縦横無尽に走ったり跳んだりでき、壁部分にキックしてジャンプしても楽しい。縦約5㍍、横約3.5㍍ある衝撃吸収材のマット「スポーツエアバッグ」には、約3㍍の高さから飛び込んでみよう。ジャンプ力を測定できるウォールトランポリン、反発力が高いスポーツトランポリンなどもある。

多彩なトランポリンで運動 体幹や空中感覚鍛えてみては

経験できる動き

体のバランスを取る　体を移動する　用具などを操作する

【DATA】
気仙沼市弁天町1-7-27　TEL090-6457-1517
開／月・木・金曜13:00～20:00、土曜、春・夏・冬休み
　　GW9:00～20:00、日曜、祝日9:00～18:00
　　（最終受け付けは終了各1時間前）
休／火・水曜、12月31日～1月2日
料金／50分…未就学児900円、小学生以上1100円
　　※初回利用時のみ会員登録料500円が必要、館内で
　　使用する靴下をプレゼント。3歳未満は利用不可

スポーツエアバッグに飛び込もう

多彩なトランポリンを用意

さくらボウル

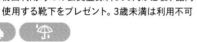

子どもが楽しめる工夫も 親子でくつろぎながらプレー

14レーン全てにノーガーターレーン（設定投球者になると自動で上下する）機能があり、子どもも大人も一緒にボウリングが楽しめる。スコアは大型液晶モニターでくっきりと表示されるほか、広々としたベンチスペースで親子でくつろげる。子ども向けの靴は14㌢から、ボールは5㌔から貸し出す。ボウリング用滑り台があり、小さな子どもも滑り台にボールを置いて転がすだけでプレーに参加できる。有料で卓球やビリヤードなどもできる。

滑り台にボールを置いて転がそう

経験できる動き

体のバランスを取る　体を移動する　用具などを操作する

【DATA】
気仙沼市東新城1-7-3　TEL0226-22-3860
開／10:00～22:00（日曜は8:00から）
休／無休
料金／1ゲーム…60歳以上500円、一般600円、中学・高校生450円、小学生400円、未就学児300円
　　レンタルシューズ…1足300円
　　※卓球などの利用料はウェブサイトで確認を

14レーン全てにノーガーターレーン機能がある

大きなボウリングのピンが目印

サンオーレそではま海水浴場&荒島・楽天パーク

夏になると多くの家族でにぎわう人工海水浴場。全長約300㍍（サン・オー・レ）の砂浜にちなんで名付けられた。青い海と白い砂浜のコントラストが美しく、内湾のため比較的波が穏やかで子ども連れが利用しやすい。潮風を感じながらゆっくり散歩するのもお勧めだ。隣接する荒島・楽天パークには町特産のタコをモチーフにしたキャラクター「オクトパス君」をイメージして造られた遊具があるほか、子ども用の野球スタジアムをはじめ、ブランコやロッキング遊具もある。

経験できる動き　体のバランスを取る　体を移動する　用具などを操作する

子どもと利用しやすい海水浴場
町ならではの遊具がある公園

多くの家族でにぎわうサンオーレそではま海水浴場

DATA
南三陸町志津川字袖浜
問／南三陸町商工観光課　TEL0226-46-1385
開／サンオーレそではま海水浴場…7月中旬〜8月
中旬9:30〜16:00
荒島・楽天パーク…入園自由
休／無休
料金／無料

海水浴場に隣接する荒島・楽天パーク

ポップなデザインのロッキング遊具

子ども用の野球スタジアムがある

松原公園

「土管」名物の公園
さまざまな遊具を用意

東日本大震災により移転・復旧された公園。大きいチューブ滑り台や幼児向けの滑り台、ブランコ、シーソーなどがあるので、年齢に応じた遊具でたっぷり遊んでみよう。被災前に町民から親しまれていた「土管」もあり、子どもが隠れたり上ったりして楽しめる。野球場や陸上競技場が隣接する。大きなあずまや「レンドリーステラス」には高さ約5㍍の展望デッキがあり、周辺の景色を見渡したりスポーツ観戦したりできる。

大きい滑り台の反対側に幼児向けの滑り台がある

滑り台や雲梯、ボルダリングなどで遊べる複合遊具

「土管」の遊具が人気

経験できる動き　体のバランスを取る　体を移動する　用具などを操作する

DATA
南三陸町志津川字助作
問／南三陸町建設課　TEL0226-46-1377
開／入園自由
休／無休　料金／無料

子どもの笑顔を育めるまち
人と人とがつながるまち

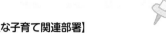
気仙沼市

〒988-8501
気仙沼市八日町1-1-1
TEL0226-22-6600
人　口／6万401人
世帯数／2万6274世帯
面　積／332.44平方㌔。
（2021年9月30日現在）

本吉保健福祉センター
「いこい」TEL0226-25-7645

けせんぬま子育て情報
「ぽけっと」

【主な子育て関連部署】
●保健福祉部子ども家庭課
　TEL0226-22-6600
　（内線435、441、442、443、445、
　276）
●市民健康管理センター「すこやか」
　TEL0226-21-1212
●唐桑総合支所保健福祉課
　TEL0226-32-4811
●本吉保健福祉センター「いこい」
　TEL0226-25-7645
●教委学校教育課
　TEL0226-22-3441
●教委生涯学習課
　TEL0226-22-3442

子育てタウンミーティング

　気仙沼市では「安心して子育てを楽しめるまち」を目指し、子育て中の市民や子育て支援団体と意見交換、グループワークを行う「子育てタウンミーティング」を実施している。
　子育てに関する課題などを共有し、官民が

連携して「子育てしやすいまちづくり」への取り組みを推進している。

誕生祝金事業

　未来を担う子どもの誕生を祝福するとともに、子育て世代の経済的負担軽減を目的に、生まれた子ども1人につき3万円分の商品券を贈呈する。
対象／出生時、市内に住民登録した子どもの
　　　保護者
申請・問／子ども家庭課児童福祉係
　　　　　TEL0226-22-6600（内線276）

1stバースデイプレゼント事業

　1歳の誕生日記念として絵本をプレゼントし、1歳ごろの子育てに関する情報を提供する。
対象／満1歳を迎える子どもとその保護者
申請・問／子育て世代包括支援センター
　　　　　「すこやか」TEL0226-29-6446
　　　　　唐桑総合支所保健福祉課
　　　　　TEL0226-32-4811

　市の子育て・支援情報をまとめ、アプリで発信している。アプリでは子育て情報誌を電子書籍で閲覧できるほか、子育てイベントなどの最新情報をプッシュ通知で受け取れる。アプリのダウンロードはこちら。

Android版　　　　　iOS版

問／子ども家庭課児童福祉係
　　TEL0226-22-6600（内線276）

気仙沼児童センター・児童館

　0歳から18歳までの子どもとその保護者が気軽に遊んだり学んだりできる"みんなの居場所"。居住地にかかわらず利用可。
・気仙沼児童センター TEL0226-23-4648
　開館日時／火〜日曜9:00〜17:00
　　　　　　（第2・4日曜、祝日、年末年始を
　　　　　　除く）
・赤岩児童館 TEL0226-22-6879
・鹿折児童館 TEL0226-22-6877
・鮪立児童館 TEL0226-32-3189
・大島児童館（大島小内）
　TEL0226-28-2655
児童館開館日時／火〜土曜9:00〜17:00
　　　　　　　　（祝日、年末年始を除く）

市民や支援団体のスタッフが参加した子育てタウンミーティング

子育て支援センター

乳幼児親子の交流や情報交換、育児相談などができる。
・気仙沼子育て支援センター
（気仙沼児童センター内）
開館日時／火～土曜10:00～16:00
　　　　　（祝日、年末年始を除く）
問／TEL0226-23-4648
・本吉子育て支援センター（津谷保育所内）
開館日時／月～金曜10:00～16:00
　　　　　（祝日、年末年始を除く）
問／TEL0226-42-2031

誕生日をお祝い

子育て世代包括支援センター 「すこやか」

安心して「生む・育む・見守る」ことができる環境づくりのために整備された施設。母子健康手帳・父子健康手帳の交付、相談支援や情報提供など、妊娠期から子育て期までのさまざまなニーズに対応し、ワンストップで切れ目のないサポートを行う。専門の支援員が対応している。
所在地・問／市民健康管理センター
　　　　　　「すこやか」内
　　　　　　TEL0226-29-6446

「すこやか」内には子どもと一緒に相談できるスペースを用意

ワクワク子育てプログラム

「おでかけ児童館」でイチゴの摘み取り体験

妊娠・出産・子育て期のパパ・ママを対象に、子育て世代の交流を促進し、安心して楽しく子育てができるよう以下のプログラムを実施している。
・子育て支援セミナー
・父親の育児参加促進事業
・親子のふれあい事業（おでかけ児童館）
・先輩ママとの交流会など
問／子ども家庭課育成支援係
　　TEL0226-22-6600
　　（内線441、442、443、445）
　　市民健康管理センター「すこやか」
　　TEL0226-21-1212

子育てほっとサロン

虫歯予防講座の様子

子育て中のパパやママのために、お茶を飲みながら「ほっと」ひと息つける場所として開催。親同士で会話を楽しんだり、親子体操に取り組んだりするなど多彩な内容。参加費無料。

問／教委生涯学習課生涯学習係
　　TEL0226-22-3442
　　Eメール kyosho@kesennuma.miyagi.jp

気仙沼市ファミリー・サポート・センター

「子育ての手助けをしてほしい人」と「子育ての手助けをしたい人」が会員となり、信頼関係を築きながら地域ぐるみで子育てのサポートをする組織。会員登録料・年会費無料。アドバイザーが会員間の支援活動の調整を行い、活動を支援する。
問／気仙沼市ファミリー・サポート・センター
　　（気仙沼児童センター内）
　　TEL0226-23-4648

産後ママ応援事業

出産後1歳までの子どもがいるファミサポ利用会員を対象に、協力会員に支払った利用料を助成。妊娠中に相談・登録準備することで、出産後すぐに利用できる。生後2カ月までは母子が一緒の活動に限る。上の子どもの送迎や預かりも助成対象となる。
助成額／ファミサポ利用料全額、上限2万円/月
問／気仙沼市ファミリー・サポート・センター
　　（気仙沼児童センター内）
　　TEL0226-23-4648

子育て短期支援事業

保護者が病気や仕事の都合などにより、子どもの養育が困難な場合に一時的に預かる。ショートステイ（24時間以内の利用、原則9:00～、1カ月に7日以内）とトワイライトステイ（17:00～23:00）がある。
対象／市内在住の満1歳以上の子ども
利用料／子どもの年齢、保護者の所得に応じた実費負担あり
実施場所／社会福祉法人旭が丘学園内 旭が丘学園児童家庭支援センター
申請・問／子ども家庭課児童福祉係
　　　　　TEL0226-22-6600（内線276）

森 里 海 ひと いのちめぐるまち 南三陸

南三陸町

〒986-0725
南三陸町志津川字沼田101
TEL0226-46-2600
人 口／1万2259人
世帯数／4459世帯
面 積／163.74平方㌔
（2021年9月30日現在）

子育てしやすい町を目指して各種イベントを開催

【主な子育て関連部署】
● 保健福祉課子育て支援係
　TEL0226-46-1402
● 保健福祉課健康増進係
　TEL0226-46-5113
● 子育て支援センター
　TEL0226-46-3042

南三陸町子育て世帯応援券支給事業

子育て世帯における経済的負担の軽減を図ることを目的に、南三陸町子育て世帯応援券（商品券）を支給。

子育て世帯応援券は、南三陸商店会連合会が発行する商品券（1枚500円）で、町内の連合会加盟店舗で利用できる。
対象／①新たに出生した子ども（町内に住民票を置く子どもに限る）
　　　②小学校入学予定児童（年齢満6歳に達した子ども、もしくは達する子ども）
応援券を受給できる人／対象児童の保護者
支給額／①子どもが生まれた時
　　　　●第1子……3万円分の世帯応援券
　　　　●第2子……5万円分の世帯応援券
　　　　●第3子以降…10万円分の世帯応援券
　　　　②小学校入学予定児童
　　　　●一律……1万円分の世帯応援券
受付／随時
支給回数／1回
申請手続き／
● 子どもが生まれた時の申請
　…役場窓口、歌津総合支所および保健福祉課（総合ケアセンター南三陸1階）に備え付けの申請書に必要事項を記入の上、

添付書類を添えて提出する。
　※添付書類…世帯全員分の住民票の写し
● 小学校入学予定児童の申請
　…小学校入学のお祝いとして支給するため、対象者に別途通知する。
提出先・問／
保健福祉課子育て支援係
（総合ケアセンター南三陸1階）
TEL0226-46-1402

子育て支援センター

町内3カ所に設置し、家庭で保育する乳幼児やその家族、妊婦を対象に受け入れているほか、各種イベントなどを開催している。子育て情報の提供や子育てで困っている母親の相談・悩みも受け付けている。利用の際は電話で予約を。
開●地域子育て支援センター
　　月～金曜 10:00～12:00
　　　　　　 13:00～15:00
　●戸倉地区子育て支援センター
　　月～水曜 10:00～12:00
　　　　　　 13:00～15:00
　●歌津地区子育て支援センター
　　水～金曜 10:00～12:00
　　　　　　 13:00～15:00
サービス内容／
● 育児相談
　・電話相談…月～金曜10:00～17:00
　・来所相談…あらかじめ電話で連絡を
　　（子どもを遊ばせながらスタッフが相談に対応する）
● おたのしみ会
　夏祭り、クリスマス会など季節の行事で交流を深める。内容によっては、申し込みが必要。

● 講習会
　育児が楽しくなるお話会や、子育てに関する講座を実施している。
　・親子体操教室
　・栄養士による離乳食相談
　・保健師による子育て相談
● 自主活動・サークル活動の支援
　子育て支援センターを利用する母親らが主体となってつくりあげていく活動の手伝いを実施。母親が元気になれる活動の支援も行っている。
● 子育て情報・お便りの発行
　子育て支援センターだよりを定期的に発行。町の広報紙やウェブサイトなどでも情報を提供している。
所在地／南三陸町志津川字沼田14-3
　　　　（総合ケアセンター南三陸2階）
問／TEL0226-46-3042

子育て世帯へのサポート手厚く

◆保育所・こども園などの保育料の負担軽減
　教育・保育料の無償化に加え、全多子世帯における多子計算の年齢制限を撤廃している（3歳未満児の負担額についても、第2子の保育料：半額、第3子以降の保育料：無料）。一人親世帯などの軽減措置も拡充している。

県北エリア

子育て行政サービス

ご近所で運動！

県北エリア編

※アイコンの説明

無料駐車場あり
（ない場合グレー）

雨天利用可
（不可、推奨しない）
場合グレー）

オニコウベスキー場

冬は雪遊び、夏は水遊び
1年通して楽しみ方いろいろ

スノーシーズン（12〜3月）、グリーンシーズン（4〜11月）それぞれの楽しみ方がいっぱい。スノーシーズンはネットで囲んだエリアを設け、安全に雪遊びができる。子ども用スキーブーツやスキー板がレンタルでき、親子でスキーデビューするのにお勧めだ。グリーンシーズンは広大な草原でかけっこやボール遊び、エアドーム滑り台「ドクターイエロー」、水辺でハンドルを回しながら水上を進む「アクアボート」などができる。

子どもたちに人気のエアドーム滑り台

経験できる動き

体のバランスを取る　体を移動する　用具などを操作する

[DATA]
大崎市鳴子温泉鬼首字小向原9-55
TEL0229-86-2111
開・休／シーズンなどにより異なる
料金／スノーシーズン（リフト料金）…1日券大人
　　　4000円、60歳以上3000円、小学生2400
　　　円、未就学児無料
　　　グリーンシーズン…各遊具・スポットにより異
　　　なる
　　　※詳細はウェブサイトで確認を

手こぎボート「アクアボート」

「ランニングバイク」体験もできる

親子でそり遊び

くりはら田園鉄道公園

機関車モチーフの遊具も
伸び伸びと遊べる「芝生広場」

旧くりはら田園鉄道跡地を利用した"鉄道のテーマパーク"。くりはら田園鉄道の貴重な資料を展示する「くりでんミュージアム」、当時運行していたディーゼル気動車やレールバイクの乗車体験ができる「旧若柳駅舎」、芝生の上で伸び伸びと遊べる「芝生広場」で構成される。芝生広場には実際に使われていた踏切や風速機などのモニュメントのほか、機関車をモチーフにしたユニークな遊具がある。

経験できる動き

体のバランスを取る　体を移動する　用具などを操作する

かけっこなどができる広々とした芝生広場

公園横の線路ではイベント日に鉄道が走る

滑り台や波形スロープの複合遊具

[DATA]
栗原市若柳字川北塚ノ根17-1　TEL0228-24-7961
開・休／施設により異なる
料金／くりでんミュージアム…入館料一般500円
　　　小・中学生300円、未就学児無料
　　　芝生広場…入園無料
　　　※このほかの料金はウェブサイトで確認を

やくらいランニングバイクパーク

広くて柔らかい芝生のコースを、ペダルがない二輪自転車「ランニングバイク」で地面を蹴ってぐんぐんと進んでみよう。コースにはでこぼこ道や山形の板など障害物を設けているほか、適度なアップダウンと曲がり角があり、初めてランニングバイクに乗る子も経験豊富な子も楽しめる。対象年齢は2〜5歳。ランニングバイクやヘルメット、肘・膝のプロテクターは有料で貸し出している。長袖や長ズボン、くるぶしくらいの靴下を着用しての利用がお勧め。

経験できる動き｜体のバランスを取る｜体を移動する｜用具などを操作する

地面を蹴って進むランニングバイクに夢中

DATA
加美町字味ケ袋薬莱原1-189(やくらいパークゴルフ場隣)
問/やくらいパークゴルフ場(冬季休業)
　　TEL0229-68-4021
開/9:00〜16:00(最終受け付け15:00)
休/第1・3月曜、冬季休業(12月中旬〜3月31日)、雨天・積雪時、やくらいパークゴルフ場クローズ時など臨時休業あり
料金/電話で問い合わせを

楽しくてにっこり笑顔に

障害物を設けたコース

道具は有料で貸し出している

小牛田公園

自然豊かな環境の中、丸太ステップ付きの木製の雲梯をはじめ、アーチ状の丸太をロープなどで上る遊具、クライミングのストーン付き遊具などで思い切り体を動かせる。滑車からぶら下がったロープにしがみついて滑り降りる「一連ロープウェイ」は子どもたちに大人気だ。野球場が隣接するほか、園内にはかつて石巻線などを走っていたSLを展示している。桜の名所でもあり、春に訪れる家族も多い。

ロープや足場を使って上ってみよう

さまざまなアスレチックが楽しめる

丸太ステップ付きの雲梯

経験できる動き｜体のバランスを取る｜体を移動する｜用具などを操作する

DATA
美里町字桜木町69-20　TEL0229-33-2143
開/入園自由
休/無休
料金/無料

宝の都（くに）・大崎
〜ずっとおおさき・いつかはおおさき〜

大崎市

〒989-6188
大崎市古川七日町1-1
TEL0229-23-2111
人　口／12万7176人
世帯数／5万2411世帯
面　積／796.75平方㌖。
（2021年10月1日現在）

【主な子育て関連部署】
●子育て支援課
　TEL0229-23-6045
●子ども保育課
　TEL0229-23-6040
●松山総合支所市民福祉課
　TEL0229-55-5020
●三本木総合支所市民福祉課
　TEL0229-52-2114
●鹿島台総合支所市民福祉課
　TEL0229-56-9029
●岩出山総合支所市民福祉課
　TEL0229-72-1214
●鳴子総合支所市民福祉課
　TEL0229-82-3131
●田尻総合支所市民福祉課
　TEL0229-38-1155

（自由来館、育児サークルなど）
・子育てなどに関する相談
・子育て関連情報の提供（通信発行など）
・子育ておよび子育てに関する講習会などの
　実施（育児講座など）
・地域支援活動の実施
　（親子交流・自主サークルの育成支援など）
※各子育て支援センターで内容が異なる場
　合がある
問／大崎市子育てわくわくランド
　　（大崎市子育て支援拠点施設内）
　　TEL0229-24-7778
　松山子育て支援センター
　（あおぞら園内）
　TEL0229-55-2564
　三本木子育て支援センター
　（ひまわり園内）
　TEL0229-52-2529
　鹿島台子育て支援センター
　（なかよし園内）
　TEL0229-57-2273
　岩出山子育て支援センター
　（岩出山保育所内）
　TEL0229-72-1255
　鳴子子育て支援センター「ひかりの子」
　（鳴子こども園内）
　TEL0229-83-2153
　田尻子育て支援センター
　（すまいる園内）
　TEL0229-38-2556

出産育児ヘルプ養育支援事業

　安心して子どもを産み育てられる環境にす
るため、出産前後で日中に家族の支援が受け
られず、家事や育児が困難な家庭に育児ヘル
パーを派遣する。
　以下のサービスが受けられる。
家事…食事の準備・後片付け、掃除、生活必
　　　需品の買い物など
育児…授乳・おむつ交換・沐（もく）浴の介助、
　　　兄姉の遊び相手など
対象／日中に家族の支援が受けられず、家事
　　　や育児を行うことが困難な人
期間／母子健康手帳交付時〜子どもが満1歳
　　　になる日（誕生日の前日）
回数／サービス提供を受けられる期間中、
　　　20回40時間まで。1回のサービス提供
　　　時間は上限2時間。1日に2回（上限4
　　　時間）まで利用できる
料金／
生活保護受給世帯、市町村民税非課税世帯
…無料
市町村民税均等割課税世帯…1時間300円
市町村民税所得割課税世帯…1時間600円
利用可能時間／各事業所に準ずる
申し込み／
●必要なもの
・出産育児ヘルプ養育支援事業利用申請書
・印鑑
・母子健康手帳
●受付場所
子育て支援課子ども家庭相談担当
TEL0229-23-6048
松山総合支所市民福祉課
TEL0229-55-5020
三本木総合支所市民福祉課
TEL0229-52-2114
鹿島台総合支所市民福祉課
TEL0229-56-9029
岩出山総合支所市民福祉課
TEL0229-72-1214
鳴子総合支所市民福祉課
TEL0229-82-3131
田尻総合支所市民福祉課
TEL0229-38-1155
問／子育て支援課子ども家庭相談担当
　　TEL0229-23-6048

子育て支援センター事業

　核家族化と少子化が進む中で、孤立したり、
不安や負担を感じたりする子育て中の親とそ
の家族が、安心して子育てができ、子どもが
健やかに育つよう、育児支援を行う。
●事業内容
・子育て親子交流の場の提供と促進

写真1

「古川中央児童館」と「子育てわくわくランド」を合築し、2019年
11月に大崎市子育て支援拠点施設「わいわいキッズ大崎」が
オープン。従来の子育て支援サービスに加えて相談機能をより充
実させ、就学前後の子どもが一緒に利用できる施設として誕生した
（写真1〜3）

一時預かり事業

家族の急病や冠婚葬祭、育児疲れの解消などの理由で、一時的に子どもを預けられるサービス。利用時は、直接各施設に確認を。
<利用できる施設>
●大崎市子育てわくわくランド
対象／生後6カ月～就学前の健康な子ども
保育時間／9:00～17:00（年末年始は休み）
保育料／1時間600円
　　　　（1時間以降30分ごとに300円）
　　　　※兄弟減免あり（2人目以降半額）
利用内容／登録制。主に短時間の預かり
●岩出山保育所、松山あおぞら園、田尻すまいる園、三本木ひまわり園、鹿島台なかよし園、古川くりの木保育園
対象／生後6カ月～就学前の健康な子ども
保育時間／8:00～18:00
　　　　（田尻すまいる園は17:00まで）
　　　　※延長あり。日曜、祝日および園長が別に定める日は休み
保育料／1時間300円、給食代500円
　　　　※兄弟減免あり
　　　　（2人目は半額、3人目以降無料）
利用内容／利用上限は週3日。ただし、保護者の傷病、災害・事故、出産、看護・介護、冠婚葬祭など社会的にやむを得ない事由により緊急・一時的に家庭保育が困難となる場合は2週間まで

問／大崎市子育てわくわくランド
　　TEL0229-24-7778
　　岩出山保育所 TEL0229-72-1250
　　松山あおぞら園 TEL0229-55-2562
　　田尻すまいる園 TEL0229-38-2555
　　三本木ひまわり園 TEL0229-52-2333
　　鹿島台なかよし園 TEL0229-57-2271
　　古川くりの木保育園 TEL0229-91-5075

大崎市子育てわくわくランド

家庭で子育てをしている親とその子どもの居場所をつくり、全ての子育て中の家庭を支援するための施設。乳幼児の託児、子育てに関する情報提供や相談対応などを行う。親子で一緒に遊べるスペースもある。
また、子育て支援センターとファミリー・サポート・センター事業の事務所も兼ねる。
開／年末年始を除く毎日 9:00～17:00
<利用できるサービス・施設>
●つどいの広場
　子育て中の親とその子どもたちが交流できる集いの場所を提供。利用者登録が必要。
　※里帰り出産時での利用も可（利用の際は問い合わせを）
対象／就学前の子どもとその保護者
料金／無料
●子育てサポート保育事業（一時預かり）
　利用者の目的を問わず子どもを2、3時間程度預かる。利用者登録が必要。予約制で、

利用時は子どもの健康保険証が必要。
対象／生後6カ月～就学前の子ども
料金／1時間600円
　　　（1時間以降30分ごとに300円）
　　　※兄弟減免あり
●子育て関連情報の提供
　施設内で地域の子育て関連情報を提供。
●子育て相談
　子育てに関するさまざまな悩みや相談に対応。
●母子通園
　発達が気になる乳幼児が対象で、保護者と一緒に通園しながら集団保育を体験する。
問／大崎市子育てわくわくランド
　　TEL0229-24-7778
　　ファミリー・サポート・センター
　　（大崎市子育てわくわくランド内）
　　TEL0229-22-3116

ファミリー・サポート・センター事業

子育てを手伝ってほしい方と子育ての手伝いができる方が会員登録を行い、地域で子育てをする会員組織。「用事があるので子どもを預かってほしい」など、困っている方、悩んでいる方が、センターから紹介される有償ボランティア会員に、一時的に子どもの保育を依頼できる。
対象／
●依頼会員（子育てを手伝ってほしい方）
市内に在住または勤務している方で、生後2カ月～小学6年生の子どもがいる方
●提供会員（子育てを手伝いできる方）
①市内在住の20歳以上の方で、心身ともに健康で、預かる子どもに家族同様に接してあげられる方
②センターでの講習会（1日）に参加できる方
　※資格の有無は問わない
利用日時・料金／
月～金曜7:00～19:00…1時間600円
上記以外の時間および土・日曜、祝日、年末年始…1時間700円
問／ファミリー・サポート・センター
　　（大崎市子育てわくわくランド内）
　　TEL0229-22-3116

市のキャラクター「パタ崎さん」も登場

つどいの広場

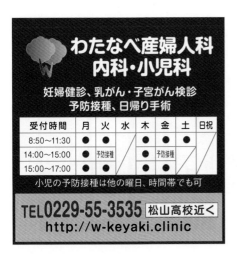

心豊かな人材を育み、地域産業が発展し、にぎわいのある、生き生きとした暮らしができるまち

美里町

〒987-8602
美里町北浦字駒米13
TEL0229-33-2111
人 口／2万3923人
世帯数／9231世帯
面 積／74.99平方㌔
（2021年9月1日現在）

【主な子育て関連部署】
● 子ども家庭課
　TEL0229-33-1411

子育て支援センター

　町内2カ所にあり、親子で気軽に利用できる。「子育てアドバイザー」が常駐。各種相談にも対応している。
<内容>
・図書館司書による絵本の読み聞かせ会
・季節ごとの各種行事、毎月の誕生会
・町の保健師・栄養士による育児相談　など
開／月〜土曜9:00〜17:00
休／日曜、祝日、年末年始
問／小牛田子育て支援センター
　　（小牛田保育所と併設）
　　TEL0229-32-1877
　　南郷子育て支援センター
　　（南郷児童館と併設）
　　TEL0229-58-0081

南郷子育て支援センター

小牛田子育て支援センター

一時保育

　次のようなときに保育所を利用できる。
①非定型的保育…保護者の就労、職業訓練、就学などにより保育が必要なとき
②緊急保育…保護者の疾病、災害、事故、出産、看護、介護、冠婚葬祭などにより保育が必要なとき
③私的理由…保護者の心理的・肉体的負担を解消するために必要なとき
<受け入れ施設>
●なんごう保育園
対象／美里町に住所を有する生後5カ月〜就学前の子ども
利用期間／週3日以内
　　　　　（緊急時は最大2週間）
保育日時／月〜金曜8:00〜16:00
　　　　　（土・日曜、祝日、年末年始を除く）
　　　　　※行事などで利用できない場合があるため、詳細は問い合わせを
料金／8時間以内…2000円
　　　4時間以内…1000円
　　　※特別な理由により時間の延伸があった場合は1時間につき300円追加
申し込み・問／
なんごう保育園 TEL0229-58-1272
利用するには事前申請が必要。問い合わせは月〜金曜8:30〜17:15に受け付ける
※そのほかに幼児の一時預かりを民間保育園に委託して実施している

ブックハロー

　本好きな子どもを育てることなどを目的に、健診時に絵本をプレゼントしている。
対象／1歳児

実施日時／1歳児育児相談時
　　　　　（毎月第1木曜）
場所／美里町健康福祉センターさるびあ館
問／小牛田図書館　TEL0229-33-3030
　　南郷図書館　TEL0229-58-1212

あつまれ3歳っこ

　幼児期から絵本に親しみ、図書館を楽しんでもらうための取り組み。楽しいお話会を実施するほか、仙台市出身の絵本作家とよたかずひこさんのイラスト入り特製利用者カード、特製利用者図書館バッグをプレゼントする。
対象／3歳児
実施日時／対象者に送る案内状に明記
場所／小牛田図書館（近代文学館1階）、南郷図書館（南郷庁舎1階）
問／小牛田図書館 TEL0229-33-3030
　　南郷図書館 TEL0229-58-1212

北浦遊園

ユニークな形の滑り台

　就学前の子どもとその保護者が一緒に遊べる公園。ブランコ、滑り台、ジャングルジムなどがある。一番人気は、前後に揺れる動物がモチーフの遊具「ロッキンパッピー」。ぐるぐる回るスピンボードは2番目に人気。
※必ず保護者の目の届く範囲で一緒に遊ぶように
所在地／美里町北浦字二又下29

黄金花咲く交流の郷わくや
―自然・歴史を活かした健康輝くまち―

涌谷町

〒987-0192
涌谷町字新町裏153-2
TEL0229-43-2111
人　口／1万5298人
世帯数／5989世帯
面　積／82.16平方＊。
（2021年9月30日現在）

【主な子育て関連部署】
●福祉課子育て支援室
　TEL0229-25-7906
●健康課健康づくり班
　TEL0229-25-7973
●教育総務課教育総務班
　TEL0229-43-2140

子育て家庭を応援

●子育て支援ガイドブック
　妊娠・出産・子どもの成長に沿って、利用できるサービスや手続き、アドバイスなど子育て情報を分かりやすく掲載した子育て支援ガイドブック。
　問／福祉課子育て支援室
　　　TEL0229-25-7906

みんなで育てよう、わくやっ子。涌谷町の子育てに関することは「子育て支援ガイドブック」でチェック

電子書籍がダウンロードできます

●わくや地域子育て応援団
　（ファミリー・サポート・センター事業）
　育児の援助を受けたい人と行いたい人が会員となり、お互いに信頼関係を築きながら子どもを預けたり・預かったり、子育てを地域で相互援助する手伝いをする組織。安心して預かれるよう、講習会や交流会を開催する。利用に当たっては事前に顔合わせを行う。

＜お願いできること＞
塾や保育施設などへの送迎、一時的な預かり、家事の手伝い、相談・助言
＜利用料金＞
1時間600～700円
問／福祉課子育て支援室
　　TEL0229-25-7906

●乳幼児一時預かり事業
　パパやママに用事ができたとき、病院で受診・入院するとき、リフレッシュしたいときなど、一時的に保育所で子どもを預かる事業。
対象／保育所などに在籍していない生後6カ月から2歳までの健康な子ども
実施保育所／涌谷修紅幼稚舎
　　　　　　涌谷町字追廻町17
　　　　　　子どもの丘保育所
　　　　　　涌谷町涌谷字中江南222
＜利用できる曜日・時間・料金＞

月～土曜（祝日を除く）	基本時間	8:00～16:00	4時間まで 450円
			8時間まで 900円
	延長時間	7:00～8:00	1時間当たり 150円
		16:00～18:30	

利用申請／各実施保育所または福祉課子育て支援室
問／涌谷修紅幼稚舎 TEL0229-43-5155
　　子どもの丘保育所 TEL0229-87-5531
　　福祉課子育て支援室 TEL0229-25-7906

涌谷町子育て世代包括支援センター「わくやっ子センター」

　妊娠期から子育て期にわたり、妊婦や父母、子どもに寄り添いながら、一緒に考え、切れ目のない子育て支援を継続するため、2020年10月に開設された。保健師や管理栄養士、歯科衛生士ら各種専門職員が、一人一人の子育てに関する悩みや困り事を聞

き、一緒に考え、アドバイスや情報提供を行う。「安心して子育てができるよう『わくやっ子センター』がサポートします」。
相談日時／月～金曜（祝日、年末年始を除く）
　　　　　8:30～17:15
相談場所／健康課健康づくり班
　　　　　涌谷町子育て世代包括支援センター「わくやっ子センター」
問／健康課健康づくり班
　　TEL0229-25-7973

一緒に子育てを楽しもう

●子どもの丘子育て支援センター

おもちゃや絵本をたくさん用意

　子どもの丘保育所に併設。子どもたちが自由に過ごせる広い空間、たくさんのおもちゃや絵本があり、伸び伸びと遊べる。親子で参加できるイベントも企画予定。利用は予約制。
問／TEL0229-87-5531

●さくらんぼこども園なかよしルーム

おもちゃや遊具で遊ぼう

　生後6カ月から入園前までの子どもとその家族で楽しめる。遊具で遊んだり、季節に合った制作も行ったりする。
問／さくらんぼこども園
　　TEL0229-43-6681

●エプロンおばさんと遊ぼう広場
　子どもたちの自由遊びや、参加者同士の交流・懇談の場となっている。
問／社会福祉協議会 TEL0229-43-6661

●のんのん教室
　未就学児を対象とした遊びが中心の活動の場。子育て中の母親、孫育て中の祖父母の参加も大歓迎。箟岳公民館で月1回開催。
問／生涯学習課生涯学習班
　　TEL0229-43-3001

子育て支援の充実
健やかで笑顔あふれるまち

 加美町

〒981-4292
加美町字西田3-5
TEL0229-63-3111
人　口／2万2208人
世帯数／8175世帯
面　積／460.67平方㌔
（2021年9月30日現在）

【主な子育て関連部署】
●子育て支援室
　TEL0229-63-7870

産前産後サポート事業「加美こっこ教室」

出産に関することや、産後の母体のケアおよび赤ちゃんのお世話などについて助産師、保健師、栄養士がアドバイスし、出産、育児に関する不安の軽減を図る。
対象／妊娠中の方および産後4カ月ごろまでの母子
内容／産前産後の母体のケア、出産の準備について、赤ちゃんマッサージ、妊娠期・産後の食事のポイントなど
※予約制（産前、産後各先着5人程度）
問／保健福祉課健康推進係
　　TEL0229-63-7871

子育て応援出産祝金

子どもが生まれた家庭を応援するため支給。
対象／出生児の父親または母親で、町内に引き続き1年以上住所を有する人
支給額／第1子、第2子は2万円分の商品券、第3子以降は5万円分の商品券と現金5万円
　　　　※商品券は保護者の住所地の加美商工会各地区で発行するもの
申請方法／
出生届け時に「加美町子育て応援出産祝金支給申請書」を各支所窓口または子育て支援室へ提出する。商品券は、送付される通知書および受領書を持って各地区商工会で受け取る。第3子以降に支給される現金は、指定した口座に振り込まれる
申請に必要なもの／
印鑑、第3子以降出生の場合は振込先が確認できる通帳など
問／子育て支援室 TEL0229-63-7870

子育て支援センター事業

町内3地区に3カ所あり、子どもとその保護者・家族が、楽しく遊んだり情報交換したりできる。開館日時や各種催しの情報は、広報誌や子育て支援センター（広場）開催日程表で確認を。
対象／0歳～就学前の子どもとその保護者
内容／絵本やままごと、季節ごとの制作活動、さまざまな遊具を使った遊び、食育講話や調理実習を通しての試食、健康講話、季節に応じた行事の体験、合同交流会、育児に関する悩みや相談対応など
利用方法／申し込み不要。初めて利用する場合は事前に電話で連絡を
問／中新田子育て支援センタ　ひなたぼっこ
　　TEL080-1652-6293、TEL0229-64-2555
　　小野田地区子育て支援広場
　　はっぴいぽけっと
　　TEL0229-67-2178
　　宮崎地区子育て支援広場げんきっこ
　　TEL0229-69-6535

活動の様子

一時預かり保育

保護者の仕事、傷病（通院・入院）、冠婚葬祭、災害、事故、介護、看護、出産、保育などに伴う心理的・肉体的負担の解消などにより緊急・一時的に保育が必要とされる子どもを預かる。
対象／保育所、認定こども園、幼稚園に在籍していない満6カ月～就学前の子ども
※継続して利用する場合は週3日以内または月100時間以内、連続して利用する場合は最大2週間
実施日時／月～土曜9:00～17:00
　　　　　（祝日、年末年始を除く各施設の開所日）
料金／半日（4時間まで）…1500円
　　　1日（4時間以上）…3000円
　　　※帰宅時に現金で支払う
定員／1日の実施定員は3人。希望者が多いと受け入れができない場合がある
申し込み／希望施設に事前に電話で相談の上、申請する
受け入れ施設・問／
中新田保育所 TEL0229-64-2555
おのだひがし園保育園部 TEL0229-67-2178
おのだにし園保育園部 TEL0229-67-2317
みやざき園保育園部 TEL0229-69-5032

木育広場

木の温かみある木育広場

未就学児とその保護者が気軽に集い遊べる。
対象／0歳～就学前の子どもとその保護者
場所／加美町まちづくりセンター2階
　　　（加美町宮崎字町38-1）
利用時間／9:00～16:00
問／月～金曜 ……… 加美商工会宮崎支所
　　　　　　　　　 TEL0229-69-5120
　　土・日曜、祝日…みやざき どどんこ館
　　　　　　　　　 TEL0229-69-5500

かっぱのふるさと

色麻町

〒981-4122
色麻町四竈字北谷地41
TEL0229-65-2111
人　口／6545人
世帯数／2082世帯
面　積／109.28平方㌔
（2021年10月31日現在）

すくすくサロンでは保健師らから子育てに関する
話が聞ける「すくすくトーク」を実施

【主な子育て関連部署】
●保健福祉課子育て支援室
　TEL0229-66-1700

子育て支援センター

　児童センターに併設し、子育て家庭に対する支援活動の企画や調整を行う担当職員を配置している。育児に関する相談や子育てサークルなどへの支援を行うほか、地域の保育ニーズに応じた関係機関との連携を図り、地域全体で子育てを支援する基盤を形成することで、総合的な育児支援を図っている。
＜事業内容＞
●子育てホットダイヤル
　子育てに関するさまざまな相談に対応する。TEL0229-66-1718（月〜金曜9:00〜16:00）。
●なかよしキッズクラブ
　会員制。親子で楽しめる手遊びやゲームといった遊びの広場を用意。
活動日時／火・木曜10:00〜11:00
対象／2歳〜未就学児
●すくすくサロン
　会員制。親子で一緒に遊んだり、情報交換

をしたり、ゆっくりリラックスできる場を提供。
活動日時／火・木曜10:00〜11:00
対象／0、1歳児
●つどいの広場
　地域の保護者が気軽に集い、語り合える。
●子育てサークルなどの育成・支援
　自主サークル活動を行う人の育成・支援を行う。
●特別保育事業
　子育てに関する講座やイベントを実施。詳細は町の広報紙に掲載。
●「子育てネット」の掲載
　町ウェブサイト上に「子育てネット」を掲載し、子育てに関する情報や事業活動の最新情報などを発信。
問／TEL0229-66-1718

児童センター

　子どもの遊び場として開放。子育て家庭に対する支援活動や、育児相談・子育てサークルへの支援など、総合的な育児支援も行う。
開／月〜金曜9:00〜12:00、13:00〜16:00
休／土・日曜、祝日、年末年始
問／TEL0229-66-1700

親子がリラックスできる場を提供

サロンでは「秋祭りごっこ」など楽しいイベントを開催

一時保育

　保護者のさまざまな理由で子どもを一時的に預かる制度。町内在住の子どもが対象で、以下のような場合に預けられる。
＜非定型保育＞
　保護者の就労、職業訓練、就学などにより、原則として週3日を限度として断続的に家庭保育が困難となる子どもを保育する。
＜緊急一時保育＞
　保護者の傷病、災害・事故、出産、看護・介護、冠婚葬祭など社会的にやむを得ない事由により、緊急・一時的に家庭保育が困難となる子どもを、2週間を限度として保育する。
＜私的一時理由による保育＞
　保護者の育児に伴う心理的・肉体的負担を解消するなどの私的理由により、一時的に保育が必要となる子どもを保育する。
利用日時／月〜金曜 ………8:30〜17:00
　　　　　午前のみの場合…8:30〜12:30
　　　　　午後のみの場合…13:00〜17:00
　　　　　そのほか、開館中の4時間
　　　　　※土・日曜、祝日、年末年始を除く
実施場所／清水保育所
対象／生後6カ月〜未就学児
定員／1日おおむね6人まで
料金／1日 ……2000円
　　　半日 ……1000円
　　　食事代…300円
申し込み／利用には申請・面談が必要。緊急時を除き、利用する7日前までに清水保育所に連絡を。申し込み時には健康保険証と印鑑が必要
問／清水保育所 TEL0229-65-3240

市民が創る くらしたい栗原

栗 原 市

〒987-2293
栗原市築館薬師1-7-1
TEL0228-22-1122
人 口／6万4848人
世帯数／2万4934世帯
面 積／804.97平方㌔
(2021年9月30日現在)

【主な子育て関連部署】
●子育て支援課
　TEL0228-22-2360
●健康推進課
　TEL0228-22-0370
●学校教育課
　TEL0228-42-3512

子ども家庭支援員訪問事業

　子育てに関する不安や悩みを抱える家庭に子ども家庭支援員を派遣し、育児や家事をサポートする。また、子育てに関する悩みなどの傾聴を行う。

対応日時／月〜金曜9:30〜16:00の週1・2回
　　　　　(1回当たり2時間まで)
対象／18歳未満の子ども、または妊婦のいる家庭で下記に該当する場合
・核家族などで子育ての不安や孤立感を抱える家庭
・出産後の母子や未熟児、多胎児などを抱える家庭
・障がい児などを抱える家庭
・そのほか、子育ての支援が必要な家庭
支援内容／
・子どもの世話や家事を親と一緒に行う
・子どもとの用事や買い物、受診などに同行
・出産や子育てなどに関する悩みの傾聴
利用料／無料
問／子育て支援課 TEL0228-22-2360

すこやか子育て支援金

　子育て世代の保護者の経済的な負担を軽減し、次代を担う子どもたちが心身ともに健やかに育つことができるように「出生祝金」や「入学祝金」を支給する。

<種類と対象>
●出生祝金…子どもが生まれた日の6カ月以上前から保護者が市内に住民登録し、子どもも市内に住民登録している場合に(現に養育している子の数で)保護者へ支給する
金額／1人の子を養育……… 2万円
　　　2人の子を養育……… 2万円
　　　3人の子を養育……… 5万円
　　　4人の子を養育………10万円
　　　5人以上の子を養育…20万円
●入学祝金…第3子以降の子どもが小学校に入学する場合、入学する年度の4月1日前に、6カ月以上市内に居住していて、入学時に子どもが市内に住民登録している保護者へ支給する
金額／10万円
問／子育て支援課 TEL0228-22-2360

小学校入学支援事業

　少子化対策の推進および子育て家庭などにおける教育に係る経済的負担の軽減を図るため、第3子以降の子どもの小学校入学に伴い購入した学用品などの経費の一部を助成する。

対象者／市内に住所を有し、監護する第3子以降の子どもが5月1日現在において小学校や支援学校の1年生に在籍している保護者
　　　　※子どもが児童福祉法に定める里親に委託されている場合、小規模居住型児童養育事業を利用している場合、障害児入所施設などに入所している場合も、該当になることがある

助成内容／1人につき3万円を上限として交付する
対象となる物品／
・学用品(文房具、学習教材、体操着、水着など)
・通学用品(かばん、靴、傘、雨がっぱ、防寒着、帽子など)
※学用品などは、入学する前年度の5月1日から入学した年度の11月30日までに購入した物が補助の対象となる
問／子育て支援課 TEL0228-22-2360

子育て支援センター

子育て支援センターの様子

　家庭で子育てをしている人が利用できる。遊びや行事を通した利用者同士のコミュニケーションを図り、子育てに関する情報の提供や育児に関する相談・指導を行う。

利用方法／申し込み不要(行事によって事前の申し込みが必要となる場合あり)
利用日時／花山地区以外は月〜金曜9:00〜17:00、花山地区は第2・4木曜9:30〜11:30
利用料／無料(行事によって参加費やおやつ代などの実費が発生する場合あり)
行事内容／毎月1日発行の「広報くりはら」や市ウェブサイト内「イベント・募集・相談」のページに掲載

●築館地区「築館子育て支援センター」
所在地／栗原市築館伊豆1-5-1
実施場所／築館保育所
TEL0228-22-9752

●若柳地区「若柳子育て支援センター」
所在地／栗原市若柳字川北古川112
　　　　※2022年4月に移転予定
実施場所／若柳川北保育所
TEL0228-32-2176

●栗駒地区「栗駒子育て支援センター」
所在地／栗原市栗駒岩ケ崎上町裏207-1

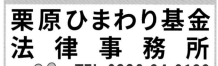

実施場所／栗駒保育所
TEL0228-45-5581
●高清水地区「高清水子育て支援センター」
所在地／栗原市高清水佐野丁32
実施場所／高清水保育所
TEL0228-58-2350
●一迫地区「一迫子育て支援センター」
所在地／栗原市一迫真坂字新道満65
実施場所／一迫保育所
TEL0228-52-3925
●瀬峰地区「瀬峰子育て支援センター」
所在地／栗原市瀬峰清水山26-1
実施場所／瀬峰保育所
TEL0228-38-2250
●鶯沢地区「鶯沢子育て支援センター」
所在地／栗原市鶯沢南郷広面27
実施場所／鶯沢保育所
TEL0228-55-3178
●金成地区「金成子育て支援センター」
所在地／栗原市金成沢辺町沖164
実施場所／金成保育所
TEL0228-42-3251
●志波姫地区「志波姫子育て支援センター」
所在地／栗原市志波姫新沼崎156
実施場所／志波姫保育所
TEL0228-22-8611
●花山地区「花山子育て支援センター」
所在地／栗原市花山字本沢北ノ前77
実施場所／花山農山村交流センター
　　　　　　（ふるさと交流館）
TEL0228-52-3925

子育て支援アプリ「スマイル栗なび！」

「子育ては栗原市で」をスローガンに安心して妊娠、出産、子育てのできる環境づくりを進め、子育て世代を応援するツールとして、子育て支援アプリを導入している。
主な機能／
<栗原市の各種制度・サービスの案内>
●子育て応援医療費助成制度・児童手当など、妊娠・育児時期に合った各種補助制度の情報や手続き方法の案内など
<記録・管理>
●妊娠中の体調・体重記録
●胎児や子どもの成長記録
●予防接種／標準接種日の自動表示、接種予定・実績管理、受け忘れ防止アラート
●健診情報／妊婦や子どもの健康診断データを記録
<情報提供・アドバイス>
●出産・育児に関する基礎情報
●沐浴（もくよく）や離乳食の作り方などの動画
<育児日記～できたよ記念日>
●子どもの成長を写真と一緒に記録
●記念日には日付けと言葉が入った「初めての記念日テンプレート」で写真をアップ（初めての…胎動／キック／寝がえり／おすわり／ハイハイ／ひとり立ち／ひとり歩きなど約150項目の記録が可能）
<データ共有>
●子どもの成長記録や健康データを、家族のスマートフォンなどでも閲覧可
問／子育て支援課　TEL0228-22-2360

子育て世代包括支援センター

妊娠前から子育て期までに関するさまざまな相談や情報提供を行い、子育てに関わる関係機関などと連携しながら、切れ目なく支援を行う。
対象／妊産婦～子育て期（乳幼児期）の保護者
時間／月～金曜（祝日、年末年始を除く）
　　　8:30～17:15
相談窓口／
●健康推進課 TEL0228-22-0370
●築館・志波姫保健推進室
　TEL0228-22-1171
●若柳・金成保健推進室 TEL0228-32-2126
●栗駒・鶯沢保健推進室 TEL0228-45-2137
●高清水・瀬峰保健推進室
　TEL0228-58-2119
●一迫・花山保健推進室 TEL0228-52-2130

子育て応援医療費助成事業

0歳から18歳到達後最初の3月31日までの子どもの、入院および通院の医療費全額を助成する制度。保護者の所得による制限はない。
対象／
・市内に住所がある子ども
・市内に住所がある保護者に監護されていて、他市町村に住所がある子ども
※次のいずれかに該当する場合は、助成の対象外
・生活保護を受けている人
・他市町村の医療費助成制度の対象者
・16歳以上の子どもが婚姻している場合。過去に婚姻していた場合も含む
問／子育て支援課 TEL0228-22-2360

スマイル子育てサポート券（赤ちゃん用品支給事業）

子育て家庭などの経済的負担軽減を図るため、1歳未満の子どもを養育する保護者を対象に、育児用品の購入に使用できるスマイル子育てサポート券（市内の取扱指定店でのみ使用可能）を交付。
対象者／市内に住所を有し、満1歳未満の子どもと同居し、かつ監護する保護者
　　　　※出生後に転入した場合も助成対象
助成内容／子どもが生まれた月（転入者の場合は転入月）の翌月から満1歳に達する月まで、1枚当たり3000円の「スマイル子育てサポート券」を最大12枚交付する
対象品目／おむつ、粉ミルク、離乳食などの乳児用食品、清拭（せいしき）剤、哺乳瓶および哺乳瓶乳首、哺乳瓶消毒薬、歯ブラシ、ベビーローション、ベビーパウダー、せっけん、シャンプー、沐浴（もくよく）剤、衣類用の洗剤および柔軟剤、肌着などの衣類
問／子育て支援課 TEL0228-22-2360

あふれる笑顔 豊かな自然 住みたいまち とめ

登米市

〒987-0511
登米市迫町佐沼字中江2-6-1
TEL0220-22-2111
人　口／7万6479人
世帯数／2万7272世帯
面　積／536.12平方㌔。
(2021年9月30日現在)

【主な子育て関連部署】
●福祉事務所子育て
　支援課（南方庁舎）
　TEL0220-58-5562
●迫総合支所市民課
　TEL0220-22-2226
●登米総合支所市民課
　TEL0220-52-2111
●東和総合支所市民課
　TEL0220-53-4112
●中田総合支所市民課
　TEL0220-34-2313
●豊里総合支所市民課
　TEL0225-76-4113
●米山総合支所市民課
　TEL0220-55-2112
●石越総合支所市民課
　TEL0228-34-2112
●南方総合支所市民課
　TEL0220-58-2112
●津山総合支所市民課
　TEL0225-68-3113

児童館

　集団遊びや個別遊びを通して、子どもたち
の健やかな成長を図り情操を豊かにするた
めの施設。
利用できる人／
18歳未満の子どもとその保護者（市外在住
者も可）
提供するサービス／
児童の遊びの場を提供するとともに、各種子
育て支援事業を実施。内容は施設ごとに異な
るため、各児童館に直接問い合わせを

利用方法／時間内であれば自由に利用可能。
　　　　　また、事前申し込みが必要な子育
　　　　　て支援事業もあるため、各児童
　　　　　館に直接問い合わせを
開／月～土曜8:30～17:00
休／日曜、祝日、年末年始
　　（12月29日～1月3日）
児童館（公立）一覧／
●迫児童館 TEL0220-22-2524
●登米児童館 TEL0220-52-2246
●中田児童館 TEL0220-35-2525
●米山児童館 TEL0220-55-2313

子育て支援センター

　育児相談、育児情報の提供といった子育て
支援事業を実施する施設。
利用できる人／
主に0歳～就学前の子どもとその保護者（市
外在住者も可）
提供するサービス／
育児相談、育児に関する情報提供などの子育
て支援事業
利用方法／時間内であれば自由に利用可能。
　　　　　各種サービスなどを利用したい人
　　　　　は事前に各施設へ問い合わせを
開・休／各施設で異なるため直接問い合わせを
子育て支援センター（公立）一覧／
●迫子育て支援センター
　（迫児童館内）
　TEL0220-22-2524
●中田子育て支援センター
　（中田児童館内）
　TEL0220-35-2525
●豊里子育て支援センター
　（豊里こども園内）
　TEL0225-25-7545
●米山子育て支援センター
　（米山児童館内）
　TEL0220-55-2313
●南方子育て支援センター
　（南方子育てサポートセンター内）
　TEL0220-58-5558
※現在、新型コロナウイルス感染症対策のた
め、電話による予約が必要

南方子育てサポートセンターや各子育て支援センター
では親子で楽しめるイベントを実施（写真1～3）

写真1

写真2

写真3

こんにちは赤ちゃんサロン わくわくマタニティサロン

　妊娠中のこと、出産のこと、育児のことについて、みんなでゆっくり話せる場。助産師や保健師や専門スタッフから、妊娠中の過ごし方から母乳のあれこれまでいろいろな話が聞ける。実施する場所や日時は市ウェブサイトで確認を。
対象／市内在住の妊婦、1歳ぐらいまでの乳幼児の母親とその家族
持ち物／母子健康手帳、筆記用具
申し込み方法／
開催日の前日まで、下記へ電話で
問／市民生活部健康推進課
　　TEL0220-58-2116
※現在、新型コロナウイルス感染症対策により、人数制限あり

登米市誕生祝金

　子どもの健やかな成長とその家族の幸せを願って、子どもの誕生に対し祝い金を贈呈している。
受給資格者／
市内に出生日の3カ月以上前から引き続き住

所があり、対象児を養育する父母
支給金額／第1子…3万円
　　　　　　第2子…5万円
　　　　　　第3子以降…10万円
対象／出生した日から市内に住所のある子ども
受給方法／総合支所市民課窓口で申請手続きをする。後日審査結果が通知され、指定した口座に振り込まれる
問／福祉事務所子育て支援課
　　TEL0220-58-5562

ファミリー・サポート・センター事業

　子育ての手助けを受けたい人（利用会員）と子育てを手伝いたい人（協力会員）がそれぞれ会員登録（無料）し、相互の信頼関係の下に子どもを預けたり預かったりする、地域ぐるみの子育て支援を有料で行う事業。
　次のようなときに利用できる（理由は原則問わない）。
・家族が仕事や用事のため、子どもの面倒を見たり送迎したりすることができないとき
・仕事や私用があるとき

・リフレッシュしたいとき　など
援助内容／
・保育所、幼稚園、放課後児童クラブ終了後の子どもの預かりや送迎
・幼稚園や小学校の夏休みなど、長期休暇時の子どもの預かり
・保護者や兄弟の通院といった急な予定が入った場合の預かり
・冠婚葬祭や兄弟の学校行事の際の子どもの預かり
・妊産婦の家事支援
会員になれる人／
●利用会員
・市内に在住または勤務しているおおむね生後2カ月～小学生の子どもがいる人
・出産予定日のおおむね1カ月前～出産後3カ月の妊産婦
●協力会員
市内在住の、心身ともに健康な20歳以上の人で、自宅のほか、児童館や子育て支援センターなどの施設、子どもの安全が確保できる場所で子どもを預かることができる人（市主催の講習会の受講が必須。保育士などの有資格者は講習が免除される場合がある）
利用の流れ／
①利用会員が登米市ファミリー・サポート・センター事務局に連絡する
②登米市ファミリー・サポート・センター事務局のアドバイザーが保育サービスを行える協力会員を調整し、利用会員に連絡する
③利用会員と協力会員が必要な保育サービスの内容や実費負担の確認を行う
④保育サービスが行われ、利用会員から協力会員に直接報酬を支払う
<利用日時・料金>

利用日時	1時間当たり	以降30分ごと
月～金曜 7:00～19:00	600円	300円
土・日、祝日、年末年始、上記以外の時間	700円	350円

問／事務局（南方子育てサポートセンター内）
　　TEL0220-58-5558
※各子育て支援センターでも受け付ける

育なび みやぎ 2022

2021年12月31日発行　定価550円(本体500円+税10%)

宮城県、各市町村、関係各団体など、
多くの皆さまにご協力いただきました。
深く感謝申し上げます。

■発　　　行　河北新報出版センター
　　　　　　　宮城県仙台市青葉区五橋1-2-28
　　　　　　　TEL022-214-3811
　　　　　　　FAX022-227-7666
■企画構成　株式会社GAC
　　　　　　　株式会社アドコーポレーション
　　　　　　　TEL022-266-3031
　　　　　　　FAX022-266-2806
■編集制作　株式会社クリエイティヴエーシー
　　　　　　　TEL022-721-6051

■SALES&PROMOTION
　加藤健一　大平康弘　鈴木美由喜
　高橋正考　東海林峻　中嶋芽衣
　和泉英夫　菊地貴史　高橋哲　高谷吉泰
　浅野広美　渥美琳　梅津美樹
　生沼未樹　木村一豊　熊谷順子
　小島由子　菅原佳子
■EDITOR
　平井頼義　宇都宮梨絵　菊地史恵　栗田えみり
　佐々木映子　佐藤友希　田中奈美江
■DESIGNER
　阿部伸洋　岡崎茉莉子　佐藤綾音　菅澤まりこ
　仙石結　森田真礼　渡辺洋